「わかっているのにできない」がなくなる

習慣化のシンプルなコツ

NLPで
イメージの力を味方にして、
根本的に自分を変える技術

山崎啓支

日本能率協会マネジメントセンター

はじめに「変わる」とは「習慣が変わる」こと

変われなかったからこそ、「変化」の専門家になれた

この本を書いている私は50歳です。高校生の頃も、そして今も、「変わりたい！」と思って生きてきました。高校生の頃の私と、今の私とでは「どんなふうに変わりたいか」の中身は違いますが、**「変わりたい！」という想いは同じ**です。

高校生の頃は、何より自分が「幸せになりたい」と思っていました。当時は、女の子にモテるようになることが一番大事なことでした。また、「この大学に入れたらカッコイイ！」と思えるような大学に入ることを夢見ていました。

しかし、当時の私は引っ込み思案で、女の子に話しかけるにも緊張してしまうし、勉強が苦手で理想の大学なんて夢のまた夢でした。

大学生になると、漠然と「成功したい」という夢を描くようになりました。しかし、学歴もないし、のんきでボーッとした性格で、才能らしきものなんて見当たりません。まわりにいるアイデア豊かで利発そうな人や、お笑い芸人さんのように人を笑わせるセンスのある人を見ては、劣等感を抱いていました。

こんなふうにあまりパッとしない人間だったので、就職活動では苦労をしました。あこがれていた会社は不採用になり、何とか入った会社では劣等生で、いつも叱られてばかりの毎日です。

成功したいのであれば、行動を起こさなければならないのに、怖くて最初の一歩すら踏み出せない……友人をたくさんつくりたかったけれど、人見知りする性格のためになかなか親密になれない……と散々でした。

こんな私でしたが、いや、こんな私だったからこそ、**「変わりたい！」という気持ちは人一倍強かった**のだと思います。

こんな自分を克服しようと、さまざまな勉強をし、長い時間をかけて試行錯誤した結果、自分が望む変化ができるようになっていきました。そして今では、

「変わりたい！」と思われる方々をサポートする専門家にまでなりました。

この本でご紹介したいのは、そんな**「変われない」と悩み続けてきた私が、学び、自分自身も試してきたこと、**さらには**多くの「変わりたい」と望む方にお伝えし続けてきたこと**です。「変わりたいのに、変われない……」と悩む方に、できるだけわかりやすく、シンプルなコツをご紹介したいと思います。

「変わる」とは「習慣が変わる」こと

さて、私たちが変わりたいと思う時って、どんな時でしょう？

先ほど「『この大学に入れたらカッコイイ！』と思えるような大学に入ることを夢見ていました」と書きました。当時の私は、早稲田大学や慶應義塾大学のようなイメージの良い大学に行きたかったのです。

イメージの良い大学は偏差値が高いので、かなり勉強をしなければなりません。

しかし、当時は勉強が苦手で、なかなか手につきませんでした。

また、私は、「社会人になったら研修講師（今の仕事）になって、大勢の人を前にして思う存分自己表現をしたい！」と思っていたのですが、人前で話をすることに恐怖心がありました。当時の私のように、本心では「目立ちたい」と思っていながら、同時に「目立つと嫌われるのではないか……」と恐れている人は、意外と多いものです。

あなたにも、**「こうしたい！」と明確にやりたいことがあるのに「できない」**ことがあったかもしれません。そんな時には、ふがいない自分を変えたいと思ったのではないでしょうか？

一方で、**「何かをやめたいのにやめられない」**ことってありませんか？

たとえば私は、以前、ストレスから過食気味になってしまい、体重が学生時代と比べて23キロも増えてしまった時期がありました。ここまで太ってしまったので、「太り過ぎていること」を気にして、「食べちゃいけない」と思っていたのに、それでも、どうしても食べ過ぎてしまっていたのです。

その後、この本でもご紹介している手法などを駆使した結果、4ヶ月半で24キロのダイエットに成功しました（75キロ→51キロ）。

私たちは、さまざまな時に、「変わりたい！」と思いますが、まとめると、ここまで見てきたように、主に次の2つの場合に分けられるのではないでしょうか。


「(何かを) やってみたいのに、できない」

「(何かを) やめたいのに、やめられない」


少しイメージしてみてください。

「どうしてもできない」ことが「できる」ようになるとしたら?

「やめられないこと」が「やめられる」ようになるとしたら?

きっと、あなたの人生は狭い檻から解き放たれて、豊かに広がっていくのではないでしょうか。

では、一体どうすればいいのか——ポイントは、本書のテーマである**「習慣化」**にあります。本書では、**あなたを堕落させてしまう「悪い習慣」を修正し、さらにあなたを「なりたい状態」に導く「健全な習慣」を身につける**ための具体的な方法を提供していきます。

人生を変える2つの習慣――「行動習慣」「思考習慣」

さて、習慣化といったら、どんなイメージがあるでしょうか？

「朝早く起きて勉強できるようになる」「週に3回スポーツジムに通えるようになる」など、健全な習慣を身につけることだと思われている方が多いでしょう。中には、「チョコレートを食べるのをやめる」など、悪い習慣を断ちたいという方もいらっしゃるかもしれません。

ここに挙げたようなものは、**行動習慣**と呼ばれるものです。本書では、これらを改善するための「考え方」と「具体的な方法」を提供しています。

しかし、本書でご紹介するのはそれだけではありません。人間の行動の原因となっている部分の習慣の変革にも取り組んでもらいます。

それは頭の中の習慣、つまり**思考習慣**です。

詳しくは後のページで説明しますが、私たちが頭の中で考えることの多くは習慣化されています。たとえば、悲観的な人は、朝、歯を磨くのと同じように、悲観的なことを考えるというパターンをもっているのです。

図1：「行動習慣」と「思考習慣」

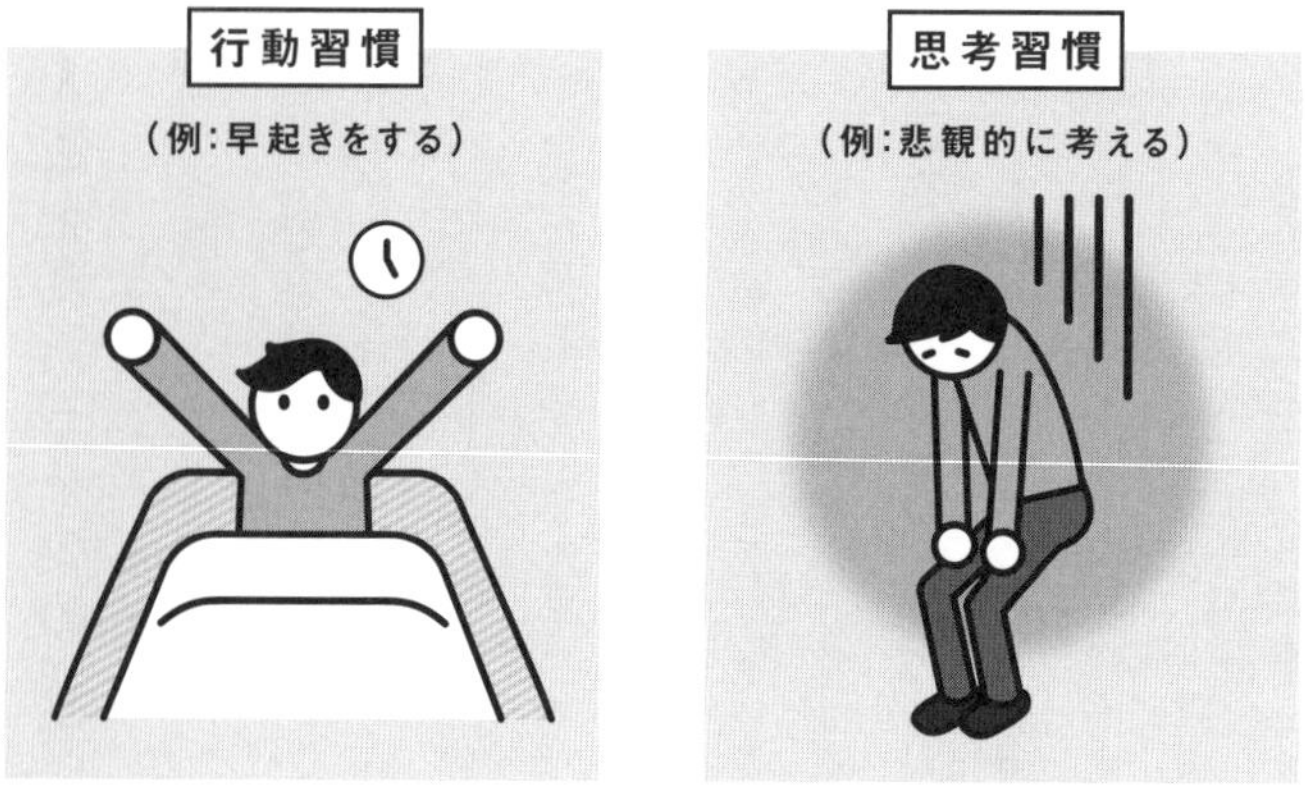

目に見える行動は、目には見えない頭の中で考えたことが顕在化したものです。よって、思考習慣を変えるほうが、人生は大きく変わります。

本書では、行動習慣はもちろんのこと、その背景にある思考習慣を変えるコツについて、とくに力を入れて解説していきます。

本書は、**人生を変える可能性のある習慣化のコツ**をお伝えするものです。そのくらい重要なものなので、できるだけ広い範囲の方々に読んでもらえるようにしたほうが良いと考えました。部活や大学受験に活かしたい高校生から、仕事でさまざまな課題を抱えるビジネスパーソン、学校の先生、子育て中のお母さんやお父さんなど、どなたにとっても等しく学んでいただけるようにしたいと思っています。

そのため、事例の大半は私が高校生や大学生の時に体験したことを採用しました。また、あえて大脳生理学や心理学の専門用語を使わずに、学生や本を読むのが苦手な人にもイメージしやすいたとえを使って説明しました。文字だけでは理解するのが難しいと思う部分は、イラストや図を使って理解してもらえるように工夫しています。

とは言え、薄っぺらい内容ではありません。中にはちょっと難しい内容もありますが、「変わる」ために外せない基本的なこと、本質的ことは、しっかりと扱っています。

一生涯手元に置いて、困ったことがあるたびに立ち返ってもらえるような、本当の意味でみなさまのためになる本にすべく全力を尽くしました。ぜひ、本書を活用して、より良いほうへと人生を変えていってください。

そもそも、習慣を変えるって、どういうこと？

「習慣を変える」とは、「脳内のプログラムを書き換える」こと

あらためて「習慣」について考えてみると、その多くはいつのまにか身につけていたものが多いでしょう。たとえば、先ほど書いた「悲観的に考える」という思考習慣も、いつのまにか身につけてしまうものです。

このように、気づくことなく、いつのまにか身につけるということは、気づかないという意味で「**無意識的**」と言えます。

それに対して、悪い習慣を修正することや、健全な習慣を身につけることは「**意識的に自分をつくり変える**」ことです。読み進めればわかりますが、変わるためには「意識的になる」ということがとても大事です。

図２：脳内のプログラムと「好き」「嫌い」

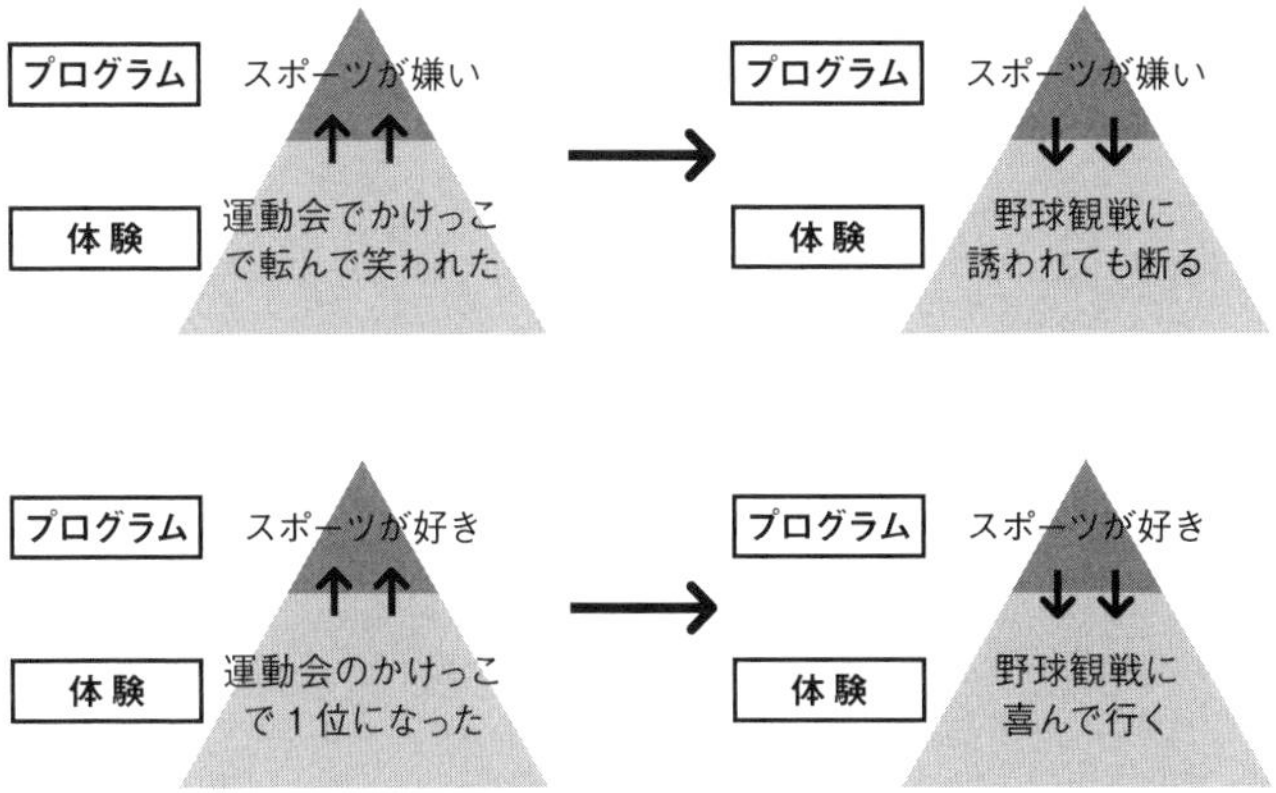

では、「意識的に自分自身をつくり変える」とは、どういうことでしょうか。それは、**「意識的に脳内にあるプログラムを書き換える」**ことを意味します。

後ほど詳しく説明しますが、人間の脳はコンピュータに似ています。

たとえば、「スポーツが好きな人」と「スポーツが嫌いな人」がいるように、特定のことが好きな人がいれば、嫌いな人もいるでしょう。この違いは、脳の中にどんなプログラムが入っているかにかかっています。

そのため、特定のことが嫌いな人も、脳の中にあるプログラムを書き換えると「好き」になれる場合があるのです。少なくとも「嫌い」ではなくなります。

習慣を修正するのに、このプログラムの書き換えの技術は、とても役立ちます。

「変われない自分」はどれだけがんばっても変われない

でも、実は、習慣を変えて、自分自身をつくり変えていくためには、脳内のプログラムの書き換え以上に、大切なことがあります。それは、**「どの自分」が自分自身をつくり変えることができるか**を知ることです。

あとで詳しくご紹介しますが、**あなたの中には二通りの「あなた」がいます。**

たとえば、「毎週ジムに通うことを習慣にしたい」と思っている人でも、同時に、どこかで「面倒だ」とも思っているかもしれません。「ジムに通いたい」としか思っていなければ、そもそもすぐに習慣になっているはずだから、「ジムに通うことを習慣にしたい」と望むこともないでしょう。これはつまり、**あることを「習慣にしたい」と思うということは、それを「やりたくない」とも思っている**ということです。

ここでとても大切なことをお伝えします。**あなたの中にいるさまざまなあなた**

図3：2種類の自分

毎週
ジムに行くことを
習慣にしたい！
ジムに行くなんて
面倒だよ
習慣化したほうがいいと思っている自分
やりたくない自分

の大半は、「自分をつくり変えられないあなた」です。たくさんの人が変わりたいと願っているにもかかわらず、なかなか変われないのは、**「変われないあなた」があなたを変えようとしているから**なのです。

世の中には、さまざまな手法があり、中には、「一瞬で別人に変えてしまう」と喧伝するようなものまであるようです。しかし、どんなに高度なテクニックでも、「自分自身をつくり変えられないあなた」が使う限りどうにもならないのです。

そこで、本書ではまず、**「自分をつくり変えられるあなた」**と**「自分をつくり変えられないあなた」**の違いを理解してもらいます。これまで「変わりたい」と思ってもなかなか変われなかったのだとしたら、原因はここにあるのかもしれません。

ひと言でいうと、「自分を変える」とは**「自分を変えることができるあなた」が、「脳内プログラムを書き換えること」**です。そして、これは、**新しい習慣を身につけること**にほかなりません。本書でご紹介する「習慣化」とは、こうしたことを行えるようになることなのです。

「脳内プログラム」ってどんなもの？——NLPの基本

「脳内プログラムを書き換える方法」は、本書の後半で詳しく解説していきますが、そもそも**「脳内プログラム」**とは、どういうものでしょうか。

私が専門に教えている心理学的手法は、**「NLP」**という名で知られています。この本はNLPだけを扱った本ではありません。ただ、脳内のプログラムの書き換えに関しては、セミナーやカウンセリングの現場で20年近くお伝えしてきたNLPのエッセンスを応用しています。

まず、NLPの「N」は、「ニューロ」すなわち「神経」を意味します。神経は人体の中にある神経システムを意味しますが、わかりやすくいうと、「五感」になります。そして、**五感は体験を構成している**ものなのです。

たとえば、「ハンバーグを食べる」と、ハンバーグの味（味覚）と匂い（嗅覚）、ハンバーグを口の中に入れた時に感じる温度（身体感覚）、ハンバーグがジューと焼ける音（聴覚）、そして、ハンバーグがおいしそうに焼け上がっている映像（視覚）を体験します。つまり、ハンバーグを食べるという体験は、五感情報でつくられていることになります。ここではシンプルに、**五感＝体験になる**と覚えておいてください。

なお、NLPの「L」は言語、文字どおりの意味で、「P」はプログラムです。これはコンピュータのプログラムとほとんど同じ意味になります。

同じ出来事を体験しても、プログラムが違えば反応も違う

NLPでは、**体験（＝五感）と言語がプログラムをつくる**と考えます。

たとえば、幼い頃に犬に噛まれれば犬恐怖症になるかもしれません。ここでの

「犬に噛まれる」ことは「体験（＝五感）」を意味します。そして、それ以後は犬を見かけるたびに、「怖い」と感じるようになります。つまり、「犬を見る→恐怖を感じる」というプログラムが作動しているのです。

コンピュータなどのプログラムには、ある入力が決まった出力をつくり出すという特徴があります。パソコンで、メールソフトをクリックすると必ずメールソフトが起動する、といった具合です。

人間の中にも、このようなプログラムが無数にあるのです。

ただ、人間の場合の入力はクリックではなく「**刺激**」で、出力はソフトの起動ではなく「**反応**」となります。

私たちの脳内プログラムは、恐怖症のようなものから、価値観のような身近なものまで、さまざまなものがあります。信じられないかもしれませんが、**あなたの中にも無数のプログラムがあり、プログラムどおりに反応している**のです。

価値観が違えば、反応の仕方がだいぶ違ってくることは、毎日感じていることではないでしょうか。たとえば、「時間を大事にしている人」と、「そうでない

図４：「刺激」と「反応」のメカニズム

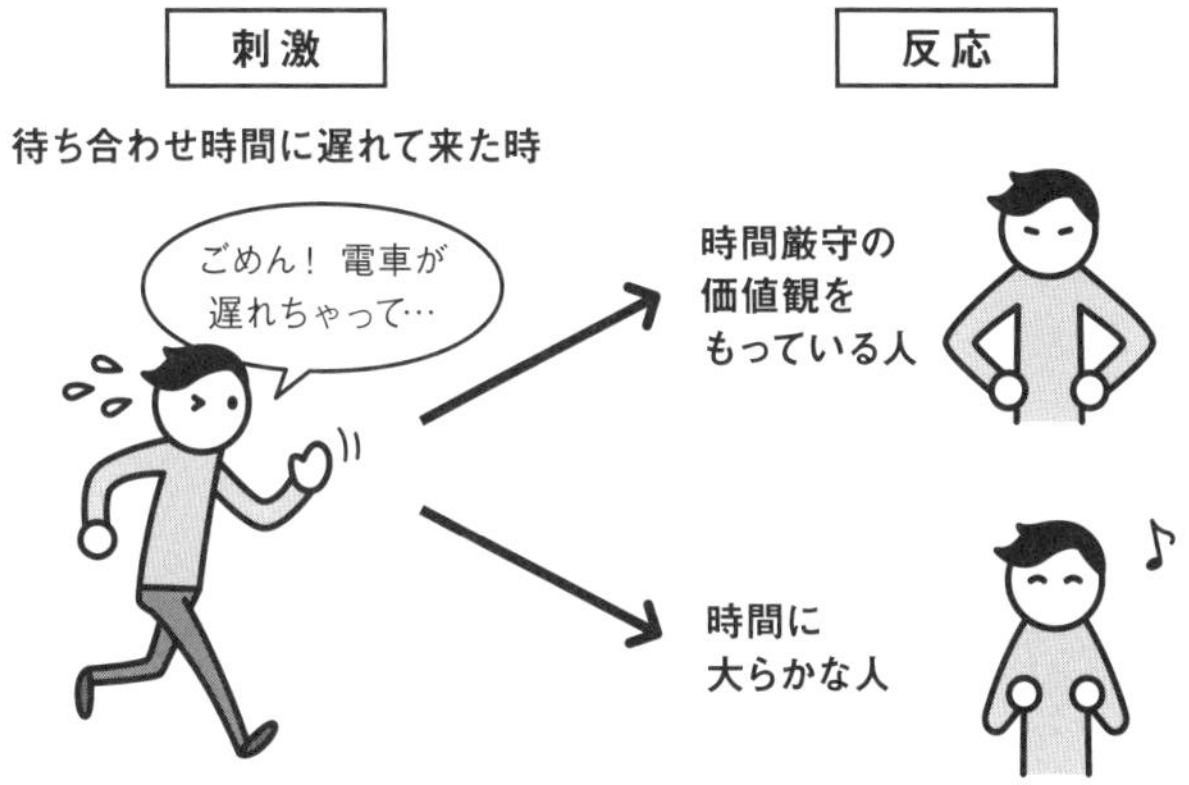

人」では、待ち合わせの時間に遅れて来た相手を見た時の反応が違いますね。

先ほどの刺激→反応に当てはめると、時間をとても大事にしている人（時間厳守の価値観をもっている人）の場合、「遅れてきた相手を見る」（刺激）→「ムカムカする」（反応）となります。一方、時間に大らかな人なら、同じ刺激でも反応は違ってきます。「遅れてきた相手を見る」（刺激）→「会えてホッとする」（反応）などです。

身近なところでよくあるこうした違いも、インストールされているプログラムの違いによるものなのです。

脳内プログラムは、どのようにつくられるのか？

コンピュータのプログラムは、プログラマーがキーボードを使って入力して、組んでいきます。一方、人間のプログラムをつくる際、キーボードにあたるのが、**「体験（五感）」**と**「言葉」**です。

ここで、コンピュータのプログラムを組むことと、脳内プログラムを組むことの違いについて、もう少し詳しくお伝えします。

結論はとてもシンプルです。

コンピュータのプログラムは、意識的に組むものです。

それに対して、**脳内プログラムは基本的に無意識的に組まれる**ものです。

コンピュータのプログラムを組む場合は、プログラマーが意識的に行いますね。

では、人間の場合はどうでしょう？

犬に噛まれた時、「犬恐怖症になろう」と意識的に決めるのでしょうか？

少し考えるだけで、そんなことはないということがわかりますよね。犬に噛まれた瞬間に、自動的に（無意識的に）犬恐怖症になってしまうのです。「犬恐怖症になりたい」と思って、意識的に犬恐怖症になる人はいないでしょう。

「習慣を変える」とは、結局どういうことなのか

習慣の多くはいつのまにか身につけてきたもの、つまり無意識的にできたものです。習慣は、何も考えずに、惰性でも（無意識的に）実行できるものですから、代表的な脳内プログラムだと言えます。

また、悪い習慣を修正することや、健全な習慣を身につけることは「意識的に自分をつくり変えること」だとお伝えしました。これをここまで説明したことに当てはめると、「無意識的に組まれた脳内プログラムを意識的に組み替えること」となります。つまり、**悪い習慣を修正することは、脳内プログラムを書き換えることなのです。**

長年にわたってダイエットができないという場合、悪い習慣が邪魔をしていることがほとんどです。これは、ダイエットできないようにさせる脳内プログラムがあるということです。つまり、過去に体験（ＮＬＰの「Ｎ」）したことや、幼い頃に親に言われた言葉（ＮＬＰの「Ｌ」）の影響などによって、無意識的にプ

図５：「プログラムを書き換える」とは？

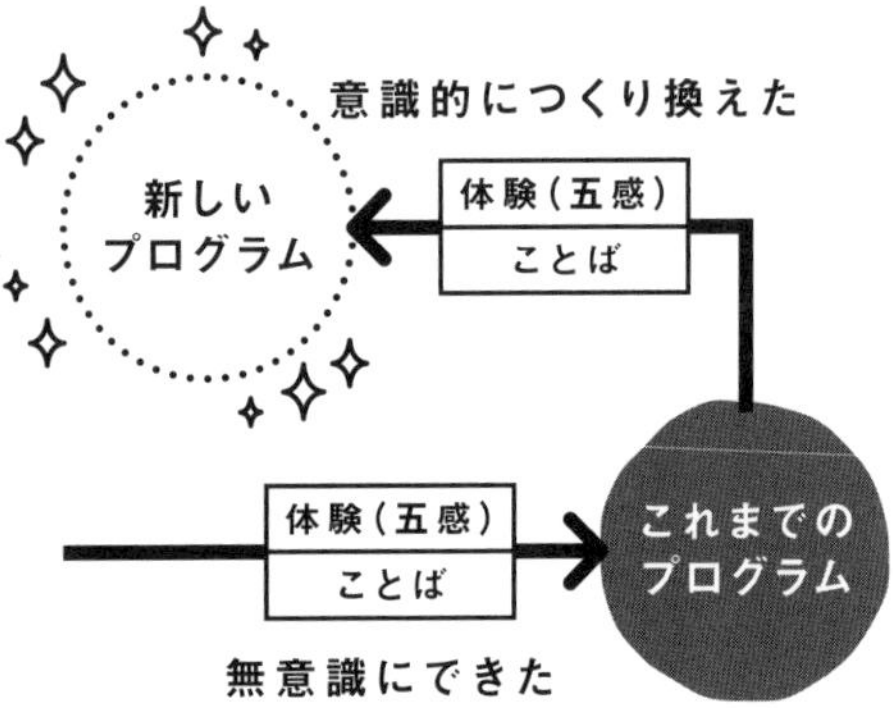
意識的につくり換えた
新しい
プログラム
体験（五感）
ことば
体験（五感）
ことば
これまでの
プログラム
無意識にできた

ログラムができてしまって、そのプログラムどおりに動いてしまうからダイエットができないのです。これが、習慣を変えにくい原因です。

たとえば、遅刻癖がある人の中には、「集合時間に遅れることは恥ずかしい」と思っていながら、どうしても朝起きられないという方もいるようです。本人からすると**「なぜかそうなってしまう」**のです。無意識的にできたプログラムが、自動的に（無意識的に）、あなたをある行動へと駆り立ててしまうのです。

このような人にとっては、これらも変えることのできない悪い習慣です。

このように書くと人間はロボットのよ

うに機械的に動いているように感じられるかもしれませんが、実はほとんどの場合そのとおりなのです。実際、**私たちは何も考えようとしなくても習慣どおりに考えたり、行動したりしている**のです。

よって、悪い習慣を修正したり、健全な習慣を身につけたりするには、無意識的にできあがった脳内プログラムを意識的に書き換える必要があります。

プログラムを書き換える方法は、無意識的にプログラムがつくられた方法と同じです。つまり、「体験（五感）」と「言葉」を用います。しかし、プログラムの書き換えは、**「体験（五感）」と「言葉」を意識的に使って行う**ものです。

ここまでを読み、人間は無意識にできたプログラムに従って生きているということがおぼろげながら見えてきたのではないでしょうか。

しかし、**あなたには、ロボットの部分だけでなく、「人間」の部分もある**のです。ロボットは自らをつくり変えることはできません。ロボットを修理したり、つくり変えたりするのは、人間の役目です。そして、あなたの中にも「ロボットの自分」と「人間の自分」がいるのです。13ページで、「自分をつくり変えられない自分」「自分をつくり変えられる自分」がいるとお伝えしたことを覚えていますか？　プログラムどおりに動くロボットの自分が「自分をつくり変えられない自分」で、人間の自分が「自分をつくり変えられる自分」です。

まず1章では、そんな**「変わることができる自分」**を理解し、2章では、**「変わることができる自分」**に気づいていきましょう。そのうえで3章では、**「変わることができる自分」が意思決定する方法**を習得します。そして4章で**脳内プログラムの書き換え**を学び、5章では1章から4章までで習得したすべての技法を使って**新たな習慣を身につける方法**をお伝えします。

本書を読んでいただくことによって、自分を変えることができると感じていただけると確信しています。シンプルな方法を実践して、かけがえのないあなたの人生を豊かなものにしていただきたく思います。

２０２０年5月　山崎啓文

「わかっているのにできない」がなくなる　習慣化のシンプルなコツ　目次

第2章 「意識」の力を取り戻す

第3章 「無意識」とうまく付き合う

第4章

脳内プログラムを書き換える

第5章

習慣を変える

第1章

「習慣化できる自分」と「習慣化できない自分」

習慣を変えるはじめの一歩

私たちの生活は想像以上に「習慣化」されている

「はじめに」で、「習慣」という言葉からは「週3回ジムに通う」のような「行動習慣」をイメージすることが多いとお伝えしました。ただ、実際には悲観的に考えることや価値観に基づいて反応することも、条件反射的にくり返すものであり、習慣化されています。デューク大学の研究によると、**「私たちの行動の45%までは習慣によって成り立っている」**といいますが、納得できることでしょう。

さらに、頭の中まで脳内プログラムによってパターン化されているとしたら、行動だけでなく、思考や感情など内面までもが習慣化されてしまっていることになります。このように考えると、**私たちは自分たちが思っている以上にずっと習**

図６：脳内プログラムとは？

意識 ＝ 王様
脳内プログラム ＝ 部下
部下に支配されている王様
（王様であることも忘れている）

慣どおりに生きていることになります。

私たちが習慣と呼んでいるものは脳内プログラムの一部です。脳内プログラムは、より大きな意味での「習慣」と言えます。「習慣」を脳内プログラムという観点で捉えることによって、習慣というものの性質や習慣ができるプロセスが、よく理解できるようになります。習慣を変えるには、このような習慣の本質を理解することが欠かせないのです。

以下では「週3回ジムに通う」のような目に見える習慣をつくり出す見えない脳内プログラムについて、詳しく解説していきます。

「習慣化できる自分」と「習慣化できない自分」

意識とは？　無意識とは？

「はじめに」では、何度か「意識」「無意識」という言葉を使ってきました。ここでこの2つの言葉について、少し補足しておきます。

「意識」とは、**「あなた」**あるいは**「あなたが気づいている部分」**を指します。**「無意識」**は**「あなたが気づいていない部分」**を指します。

たとえば、自分の仕草などのクセって、気づけないことがありますね。歩き方などは、自分ではわからないことが多いものです。こうした歩き方も、自動化され、プログラム化（習慣化）されているものなのです。

自分の歩き方のように、「気づいていない」ことは「無意識的になっている」

ことを意味します。後ほどまた詳しく説明しますが、**多くの習慣は、無意識化されていて、ほとんど考えることなく実行している**ものです。

さて、気づいていなかった自分のクセに気づいたら、それは「意識化した」ことになります。

私は、「食べるのが早過ぎる」とか「口を開けたまま食べている」などと指摘されたことがありました。このように指摘されてはじめて、「気づいた」のです。気づいてからは、食べる際に気をつけるようになりました。そして、くり返しこれらを意識して実践することによって、口を閉じて食べることが習慣になりました。

これは、「無意識化されているプログラム」を意識化して修正したことになります。

当たり前のことですが、**気づいていないことを変えることはできません。**

よって、**習慣を変えるはじめの一歩は、無意識的になっていることを意識化すること**なのです。

「無意識」とは「あなた（意識）」の部下のこと

ここまでの説明を読むと、無意識は良くないもののように感じる人がいるかもしれません。

しかし、実際には、**無意識はとても役に立つ部下のようなもの**です。

たとえば、あなたの胃はいちいち命令をしなくても、胃液を自動的に分泌してくれます。あなたの身体に備わっている内臓が、いちいち命令をしなければ働いてくれないとすればどうでしょう？　胃に命令をして胃液を出してもらったり、肝臓に命令をして毒素を分解してもらったり……もしそんなことをしなければならないのだとしたら、自分の身体のさまざまな部分に指示命令をするだけで一日が終わってしまうでしょう。

内臓は、あなたが意識することなく自動的に動いてくれるものであり、無意識の働きのひとつです。

このように、無意識的に実行できることは、役に立つことのほうが多いのです。

「あなた（意識）」には2つの役割がある

ここで、「意識（あなた）」の役割をハッキリさせておきましょう。

比喩的に表現すると**「あなた（意識）」は「王国の王様（司令塔）」**です。

さまざまな自己啓発の本には、「無意識は意識よりも圧倒的な力がある」「実質的に人間を動かしているのは無意識だ」といったことが書かれています。

しかし、本当にそうなのでしょうか？

身体に備わっている内臓の働きは、医者でなければわからないことのほうが多いでしょう。私はつい最近まで、血液がどこでつくられているのかさえも知りませんでした。「私（意識）」が知らなくても、無意識はきちんと血液をつくってくれているのです。このような働きが無数にあることを考えれば、実質的に人間を動かしているのは無意識だということも頷けるでしょう。

また、「意識」が「1」に対して、「無意識」は「2万」（1対2万）だと話す専門家もいます。これを参考にすると、**「意識」は「2万人の国民がいる王国の王様」**だと表現することもできそうです。

図7：「意識」と「無意識」

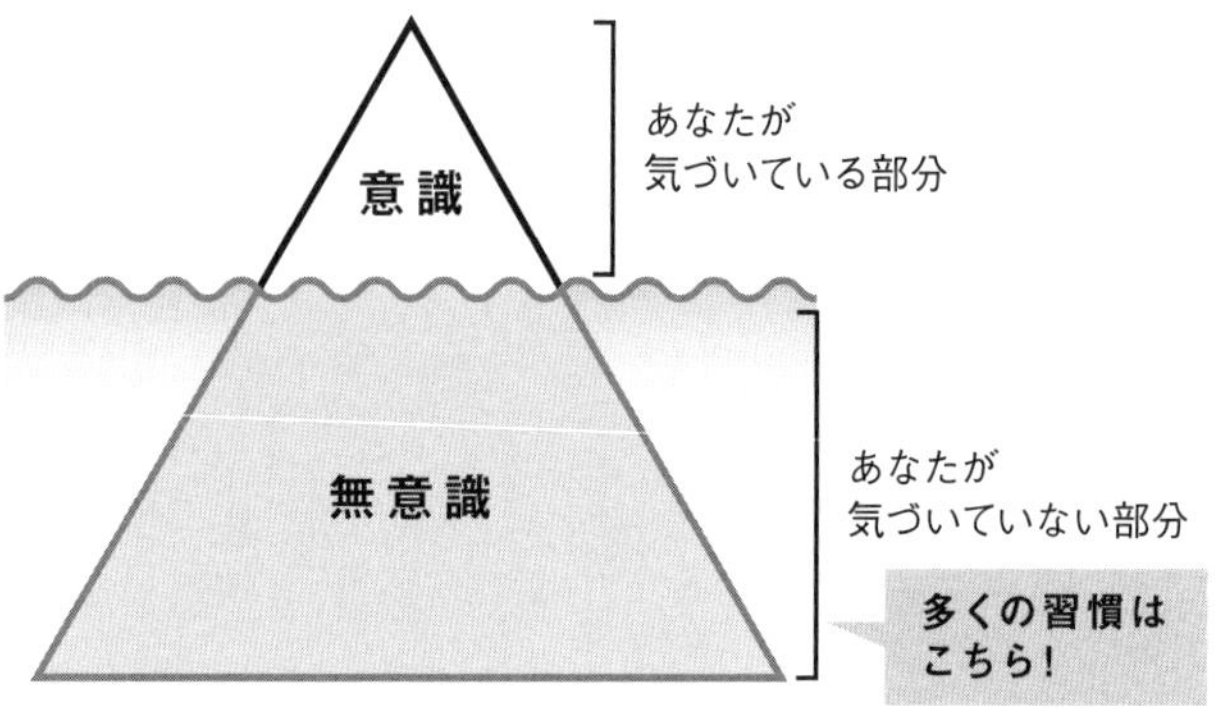
意識
あなたが
気づいている部分
無意識
あなたが
気づいていない部分
多くの習慣は
こちら!

心臓も肺も腸も王様である「あなた（意識）」の部下です。これらの内臓が大臣など重要な役割だとすれば、内臓を構成している細胞は末端の部下（庶民）だと考えられるでしょう。

王様、つまり「あなた（意識）」は、その国にとってもっとも重要な2つの仕事を担います。

①国がどんな方向に進んでいくのかを決める

身近な言葉で表現すると、どう生きるかを決めることです。あなたの理想――つまりビジョンをつくり、それを達成するために何を選択するかを決めることです。

②ビジョンを実現するための効率的な組織をつくる

実はこれは、**習慣化**にほかなりません。

ビジョンを実現するために、「あなた（意識）」が何も指示をしなくても、自動的に「部下たち（無意識）」が、前向きな行動をとってくれるのだとしたら、こんなに楽なことはないでしょう。

でも、あなたがなりたい状態があるにもかかわらず、重度のアルコール依存などの悪い習慣があったらどうでしょう？　部下たちは、「あなた（王様）」のビジョン実現を妨害するような行動ばかりしてしまうことになりかねません。

よって**悪い習慣を修正することと、望ましい習慣をつくることも「王様（意識）」の重要な仕事**なのです。

良い習慣をもつと、あなたは大切なことに専念できる

「あなた（意識）」が、王様として「部下（無意識）」を育てて、望ましい習慣

をつくる――これは、現実社会における経営者やリーダーの役割と同じです。

あなたが組織のリーダーだったら、あなたはもっとも大事な仕事に専念できるように、あまり重要ではない仕事は、部下に教えて任せるでしょう。それによって、あなたはより重要な仕事に没頭できるようになるのです。

これは、車の運転を身体に覚えさせることに似ているかもしれません。運転も、最初は教本に書いてあることを意識して行います。でも、くり返し運転すると、身体（無意識）が運転を覚えてくれて、その後は大事な仕事のことを考えながらでも、ある程度は身体が自動的に運転してくれるようになるでしょう。いちいち運転のことを考えていたら、王様にしかできない仕事が疎かになってしまいます。よって、多くのことは無意識が自動的に動いてくれていたほうが良いのです。

このように、「あなた（意識）」が王様としての仕事に専念できるよう、ほとんどの仕事は「無意識（部下たち）」が担ってくれているのです。**良い習慣を意識的につくって、あとは部下（無意識）に任せる**――これが、効率的な生き方なのです。

「意識」「無意識」と習慣化のメカニズム

「意識」「無意識」と「脳内プログラム」の関係

「はじめに」で「脳内プログラムは無意識的に組まれるもの」とお伝えしました。犬に噛まれると、自動的に（無意識的に）犬恐怖症になってしまうという例をご紹介しましたね。ということは、**脳内プログラムもまた、王様である「あなた（意識）」の「部下たち（無意識）」が自動的につくってくれるもの**です。

ここで「部下たち（無意識）」がつくるプログラムの特徴を見ていきます。

・特徴① プログラムは「インパクト（強度）」と「くり返し（回数）」によってできている

「はじめに」で「プログラムは体験によってできる」とお伝えしましたね。「**インパクト（強度）**」とは強烈な体験のことです。たとえたった一回の出来事だとしても、強烈な体験によって脳内プログラムはつくられます。多くの恐怖症がそれに当てはまります。犬恐怖症も、たった一回の体験でできるものです。

「**くり返し（回数）**」とは、「くり返し体験すること」や「くり返し言われること」です。子どもの頃、家族からくり返し「時間を守りなさい」と言われると「時間厳守」という価値観ができます。価値観も脳内プログラムのひとつ。あなたの中にある習慣も、ほとんどの場合、くり返しの行動によってできたものです。

・特徴②　脳内プログラムは安全装置としてつくられる

では、「無意識（部下たち）」は、なぜプログラムをつくるのでしょうか？

「部下たち（無意識）」が脳内プログラムをつくる目的は、「あなた（王様）」がより安全かつ効率的に生きるためです。

たとえば3歳の子どもが犬に噛まれることは、危険な体験ですね。とても危ない体験をしたので、「犬は危険だと認識できるようになったほうが、安全に生きていける」と、「部下たち（無意識）」は考えるのです。そして、王様を守るために、犬を見た時に、自動的に身体的に「怖い」と反応するしくみをつくるわけです。つまり脳内プログラムには**安全装置**の側面があるのです。

・特徴③　脳内プログラムは公式化される

さらに、「部下たち（無意識）」は、自分を噛んだ犬だけを怖いと認識するのではなく、「犬であれば何でも怖い」と認識するようになります。ここで**公式化**されていることがわかるでしょう。この場合は「犬＝危険」という公式です。

公式化することによって、犬に噛まれたひとつの体験を、よく似た他の体験にまで応用しようとしているのです。脳内プログラムは、**ある体験をこれからの人生（未来）に活かすための学習の結果としてできる**ものです。

「犬＝危険」と公式化してしまえば、それが危険かどうかをいちいち吟味する必要がありません。「この犬は危険か」と時間をかけて吟味するのは、エネルギーの無駄遣いとも言えます。頭で考えることなく瞬時に判断できるのは効率的と言えるでしょう。

図8：安全装置と公式化

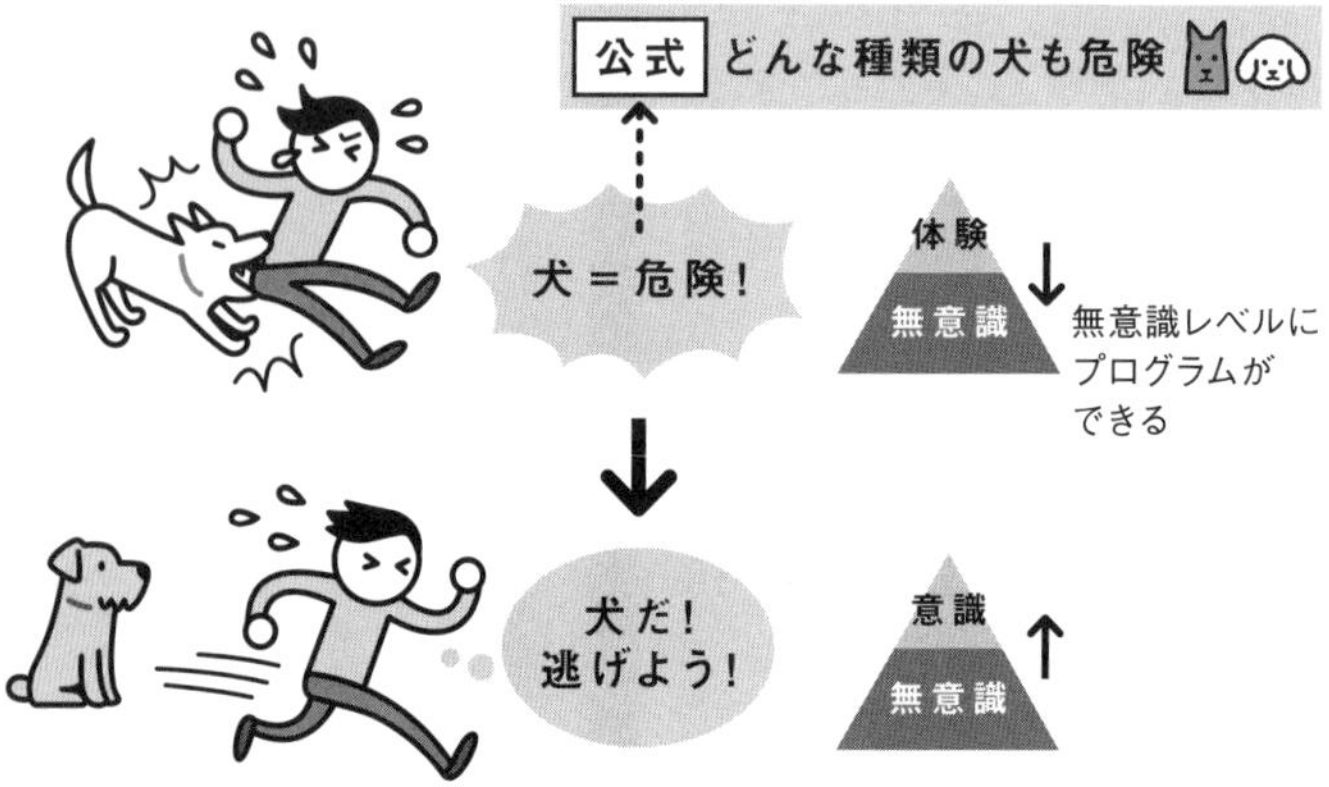
公式　どんな種類の犬も危険
犬＝危険！
体験
無意識
無意識レベルにプログラムができる
犬だ！逃げよう！
意識
無意識

良い習慣と悪い習慣

私は小さい頃、好奇心からナイフで指を刺したことがあります。とても痛かったので、二度とこのようなことはできなくなりました。それ以後、刃物を見るととくに意識しなくても、自動的に（無意識的に）注意するようになりました。「部下たち（無意識）」が、痛みとともにこのような脳内プログラムを組んでくれたのです。今でも、刃物であればナイフでなくても（たとえばノコギリなどでも）、自動的に注意します。公式化されていますね。

これも、私が意識的に学習したという

よりは、「部下たち（無意識）」が自動的に学習してくれたと言ったほうが良いでしょう。意識的に刃物を避けるようになったのではなく、条件反射的に（何も考えることなく）刃物を見たら気をつけるようになっています。これは身近な言葉で、**「良い習慣」**と言えるでしょう。

牡蠣を食べて食中毒を起こしてしまった後、牡蠣が食べられなくなるという人を時々見かけます。このような人も、意識的に牡蠣が嫌いになったわけではないことがわかるでしょう。食中毒を起こした後、自動的に（無意識的に）、牡蠣を避ける身体になってしまうのです。

これらの例からも、**無意識は、「あなた（意識）」が安全に生きられるしくみをつくる優秀な部下**のようなものだとわかりますね。

もし、「無意識（部下）」が体験したことから学び、その周辺の体験にまで応用することができなかったらどうなるのでしょう？　私たちは、過去の経験を活かすことなく、同じ失敗をくり返すことになってしまいます。

このように、過去の経験（記憶）を「部下たち（無意識）」が自動的に活かしてくれるこのしくみ（脳内プログラム）は、役立つことが多いのです。

私の場合、「刃物は危険だ」ということを適度に学びました。ここで「適度に」と書いたのには理由があります。私は、「刃物は危険だ」ということは学びましたが、刃物に関して苦手意識があったり、刃物恐怖症になっているわけではありません。しかし、私と同じような体験をして恐怖症になってしまう人もいます。刃物恐怖症になってしまうと、ハサミを使うにも緊張してしまうし、「包丁を使って料理をつくるなんて、怖くてできない」なんてことになります。これは、公式化の悪い面が出ている例です。**行き過ぎた公式化は弊害をもたらす**のです。

このように、「部下たち（無意識）」の行き過ぎた公式化によって、「あなた（王様）」が窮屈になっているのだとしたら、「部下たち（無意識）」がセキュリティを高め過ぎて身動きがとれなくなっていることを意味します。

「部下たち（無意識）」が、強力過ぎる安全システムを組んでしまった場合、王様である「あなた（意識）」は、そのシステムを緩和することができます。部下がつくった安全システムを調整するのもまた、王様の大事な仕事なのです。

これを身近な言葉で表現すると、**「悪い習慣」の修正**となります。

「意識」とは何か？

人間が主体的に生きることは稀である

「意識」という言葉の解釈は人それぞれです。身体のことだと考えている人もいれば、感情・思考だと感じている人もいます。しかし、これらは、「あなた（意識）」に付随するものですが、意識そのものではありません。

「意識」は「あなた自身」のことです。これは、「王様であるあなた」のことですが、厳密に表現すると**「主体的に選択できる意識（あなた）」**となります。

あえてまわりくどい表現を用いている理由は、**私たちは主体的には生きていないから**です。つまり、**私たちは驚くほど無意識的に流されて生きている**のです。

そして、無意識的に生きている時のあなたは、**「無意識的に流されている意識**

（**あなた**）」となります。ここまで説明してきたとおり、無意識は部下たちのことなので、「無意識的に流されている意識（あなた）」とは「**部下たち**（**無意識**）**がつくったしくみに従っているあなた**」を意味します。信じられないかもしれませんが、この場合、「あなた（意識）」は眠っている状態に近いのです。

「はじめに」でお伝えしましたが、「**自分をつくり変えられる自分**」とは、「**主体的に選択できる意識**」のことであり、「**自分をつくり変えられない自分**」は「**無意識的に流されている意識**」のことです。

脳内プログラムは思考・感情・身体をとおして実行される

脳内プログラムは、思考・感情・身体をとおして働くものです。

たとえば、犬恐怖症は、「犬が怖い」という思い込み（**思考**）があり、そのため犬を見た時に強い恐怖心（**感情**）がわき上がり、**身体**が緊張するものです。脳内プログラムに流されている時は、脳内プログラムどおりに自動的に、思考・感情・身体が連携して動き出すのです。それは「あなた（意識）」が望んでいようがいまいが、関係ありません。

それに対して、**「主体的に選択できる意識（あなた）」**から生きる時は、王様である**「あなた（意識）」が身体・感情・思考を操っている**のです。これはほとんどの人が知らない事実です。

私たちが悪い習慣をやめることができない時（たとえばダイエットしたいと思いつつ、10年も体重が減らない場合など）は、脳内プログラムが思考・感情・身体をとおして働いていて、王様であるあなたがその言いなりになっているのです。

「意識（あなた）」は「身体」ではない

「あなた（意識）」は思考・感情・身体ではない、とお伝えしました。

47ページの図をご覧ください。意識が一番上にあり、思考、感情、身体と続いています。ここまで、「あなた（意識）」のことを「王様」と表現してきましたが、これはインドの古い哲学が伝えるものです。インドの古い哲学では、**意識が王様（主人）**で、**思考が御者（手綱）**、**感情が馬**で、**身体が馬車**を表します。これは、**人間の意識の本質は思考でも感情でも身体でもない**ということを意味します。

まずは、**「身体があなた（意識）ではない」**ということから考えていきましょう。

身体からの反応は身体の内側と外側（外の世界）で起こっていることを教えてくれます。「腹が減る」とか「暑い・寒い」などです。暑過ぎたら、冷房を入れるなど、身体からくる反応に従うことが多いでしょう。

このように、**身体は、「快・不快（痛み）」をとおして、「あなた（意識）」にある行動をとるように促す**のです。

「あなた（意識）」は身体からくる「反応」を選択できる

部屋が暑いと感じれば、多くの人はすぐに冷房を入れようとするかもしれません。しかし、「身体を冷やし過ぎるのは良くない」と知っていたら、窓を開けるだけでガマンするかもしれません。このような行動をとる時、身体からくる反応に逆らっていることになります。冷房を入れたいと感じていても、あえて暑いままにしておくわけですから。

このように人間は、「快・不快（痛み）」に従って生きているばかりではありません。では、誰が「快・不快（痛み）」に逆らっているのでしょう？

図9：意識・思考・感情・身体

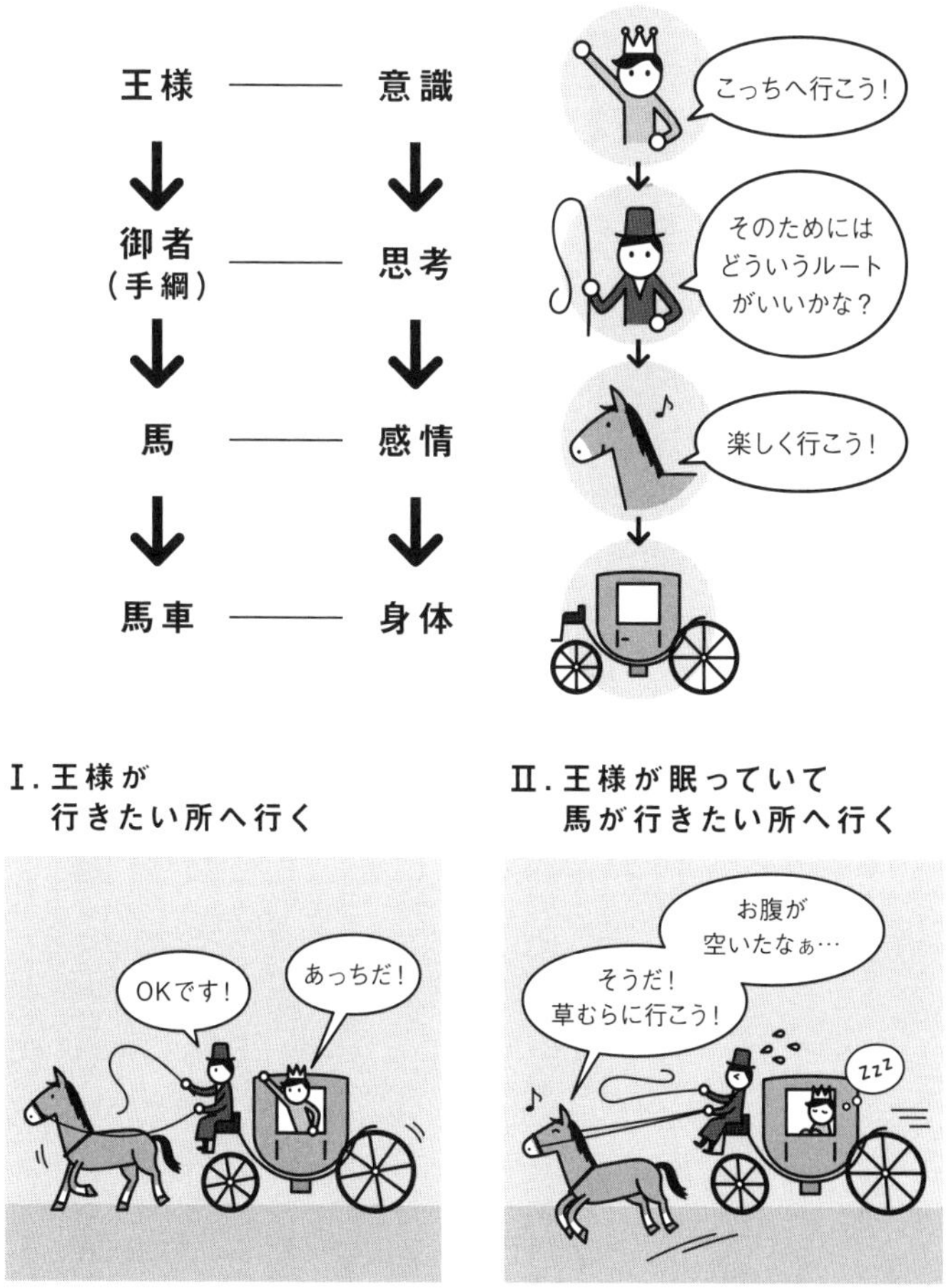
王様 —— 意識
御者（手綱） —— 思考
馬 —— 感情
馬車 —— 身体
こっちへ行こう！
そのためには
どういうルート
がいいかな？
楽しく行こう！
Ⅰ. 王様が
行きたい所へ行く
OKです！
あっちだ！
Ⅱ. 王様が眠っていて
馬が行きたい所へ行く
お腹が
空いたなぁ…
そうだ！
草むらに行こう！
zzz

それは「**意識（あなた）**」です。ここで理解しておいてほしいのは、あくまでも、「**快・不快（痛み）」は、身体の内側と外の世界で起こっていることを身体が教えてくれているシグナル（情報）に過ぎない**ということです。

一方で、同じ状況でも、「とにかく涼しくしたい（快適でいたい）」という欲求に身を任せることもできますね。**何も考えない――つまり無意識的であればあるほど、身体からあがってくる反応に身を任せる**ことになります。このように、「反応」のおもむくままに生きると、私たちは、益々無意識的になっていきます。これは条件反射のように反応だけで生きることです。たとえば、私たちは熱過ぎるお風呂に足を突っ込むと、条件反射的に足を引っ込めますね。

私たちは脳内プログラムどおりに反応しているとお伝えしてきましたが、これも条件反射です。たとえば、かつて生牡蠣を食べてひどい食中毒を起こした人は、牡蠣を見た瞬間に吐き気をもよおすかもしれません。これも条件反射と言えるでしょう。

「意識的な自分」と「無意識的な自分」

「主体的に選択する意識（あなた）」とは？

ここでは、43ページに出てきた**「主体的に選択する意識（あなた）」**について簡単に解説していきましょう。

まず、「主体的に選択する」ことは、条件反射の逆です。条件反射が「無意識的」なら、主体的に選択することは「意識的」に行われることです。つまり、主体的に選択するとは、**身体などからの反応に従うのか、それとも逆らうのかを決める**ことです。そして、このように身体からあがってくる提案（反応）を鵜呑みにせず、どうするかを決めることができる状態のことを**「意識的」**と言います。

一方で、「無意識的」とは、身体などの反応に流されて生きている状態です。

この章で理解してもらいたいのは、**人間はほとんどの時間を眠っている状態（無意識的な状態）で生きているから、パターンどおりにしか生きることができていない**ということです。そして、この状態では習慣を変えることが難しいのです。とは言え、これを理解するには少し時間がかかるので、身近な例をもとにもう少し詳しく説明します。

疲れている時にはより流されやすくなる

私たちは基本的に無意識的な状態で生きていますが、無意識的な状態には、**〝ものすごく無意識的な状態〟**と、**〝少しは意識的でいられる状態〟**があります。

〝ものすごく無意識的な状態〟とは、疲れ切っているなど時です。このようにエネルギーが枯渇している時には、何も考えられず、ほとんどパターン化した（無意識的な）行動しかとれないでしょう。

また、疲れていない時でも、ボーッとしている時には、パターン化した（無意識的な）行動をとりがちですね。たとえば、ボーッとしている時に車を運転すると、休日で出勤する必要がないのに、会社に向かって走らせていて、それにしばらく気づかないことがあります。

一方で、朝起きて間もないエネルギーに満ちている時は、ある程度は悪い習慣（悪いプログラム）に逆らって、気の進まないことにも取り組めます。この時は、先ほどと比べると意識的です。こうした意識的な状態をさらに強化したものが、「主体的に選択する意識（あなた）」だと、ここでは思っておいてください。

「あなた（意識）」は感情でもない

さて、43ページでは、身体反応だけではなく、**感情も思考も、「意識（あなた）」ではない**とお伝えしました。「身体反応（感覚）」と「感情」はよく似ているので、まずはその違いを考えてみましょう。

まず、「寒い」「暑い」は感情ではありませんね。これは感覚的な反応です。「緊張」「リラックス」も感覚的な反応であって、感情ではありません。

感情を表す表現は、「嬉しい」「悲しい」「愛おしい」「憎い」「ワクワク」「憂鬱」「好き」「嫌い」などですね。これらは**「心の気持ち」（感情）**を表すものです。

一方で、「寒い」「暑い」「痛い」「かゆい」は心で感じる気持ちというよりは、

「身体で感じる感覚」といったほうがしっくりくるでしょう。

とても大雑把に言うと、**感覚は「快・不快（痛み）」と関係があり、感情は「好き・嫌い」と関係があります。**

また、感覚的な反応は、外の世界の様子を教えてくれる色がついていない情報に近いものです。たとえば「寒い」「暑い」は、本来、「好き・嫌い」とは関係がないものです。それに対して、感情は、より個人的な傾向が含まれます。

たとえば、「暑い」というのは、常夏の国に行くと誰でも感じるものでしょう**（感覚）**。これは、万人に共通するものです。しかし、暑いのが嫌いな人もいれば、好きな人もいます**（感情）**。このように、何かを感覚的に感じて、それを感情的に個人的に判断します。感覚と感情は密接に結びついていることがわかりますね。

では、「好き・嫌い」が「あなた（意識）」なのでしょうか？

結論から言うと、**「あなた（意識）」は「好き・嫌い（感情）」ではありません。**なぜなら、「あなた（意識）」は「好き・嫌い」に逆らって生きることができるからです。

図10：「感覚」と「感情」

感覚＝「快・不快（痛み）」＝身体で感じる感覚
（身体反応）

寒い、暑い
緊張、リラックス 等

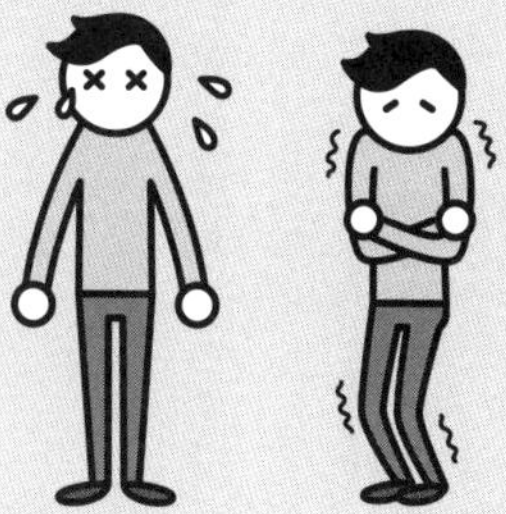

感情 ＝「好き・嫌い」＝ 心の気持ち

嬉しい、悲しい、愛おしい
憎い、ワクワク、憂うつ
好き、嫌い 等

むしろ、「好き・嫌い」を超えたいと思ったことはありませんか？

たとえば、「勉強は嫌いだけど、理性的に考えたら好きになったほうが良い」とわかっていたら、好きになる努力をすることができます。人間関係でも同じです。たとえば部活でも、職場でも、馬が合わない人、嫌いな人がいるかもしれません。しかし、チームが一致団結して成果を出すためには、嫌いな相手とも仲良くなれたほうが良いと思うことがあるでしょう。

一方、自分が好きなことだけをして嫌いなことは一切しないという生き方もできます。これは、自分の感情に忠実に生きていることになります。

念のためにお伝えしておくと、感情を否定しているわけではありません。私たちが豊かさを感じられるのは、イキイキとした感情を感じられるからです。ですが、**私たちが苦しむ原因もまた感情にある**のです。

たとえば、自分の主張を押しとおしたくなって、言いたい放題に主張したとします。これは自分の感情のままに行動したということです。でも、それによって、まわりの方々に嫌われてしまったら苦しいですよね。

しかし、**「感情も自分ではない」ということが理解できたら、あなたをサポー**

トしてくれる頼もしい部下になってもらえよう働きかけることができるのです。

「思考」も「自分（意識）」ではない

さて、今度は「**思考**」について考えてみましょう。思考とは「頭の中で何かを考えること」「頭の中の想念」などですね。

「何かを考える＝意識（自分）なのでは？」と思っている人が多いようです。

でも、私たちは考えたくもないことを考えてしまうことはありませんか？

悲観的になっている時は、自分の欠点や失敗したことをクヨクヨと考えます。

しかし、誰でも、自分を責めるようなことは考えたくないはずです。それどころか、自分を責めるようなことばかり考えている時、「こんなことはやめたい！」と思うのでは？「否定的なことを考えるのはやめたい」と思っているということは、あなたが意識的に考えているのではなく、「**無意識（部下たち）」が「あなた（意識）」に、そのことを考えるように促している**ということです。

比較的余裕がある時には、悲観的なことを考えてしまう負のループに入っても、「こんなことを考えるのはやめよう」と、意識的に別のことへと考える対象を変

図11：「意識」と「思考」

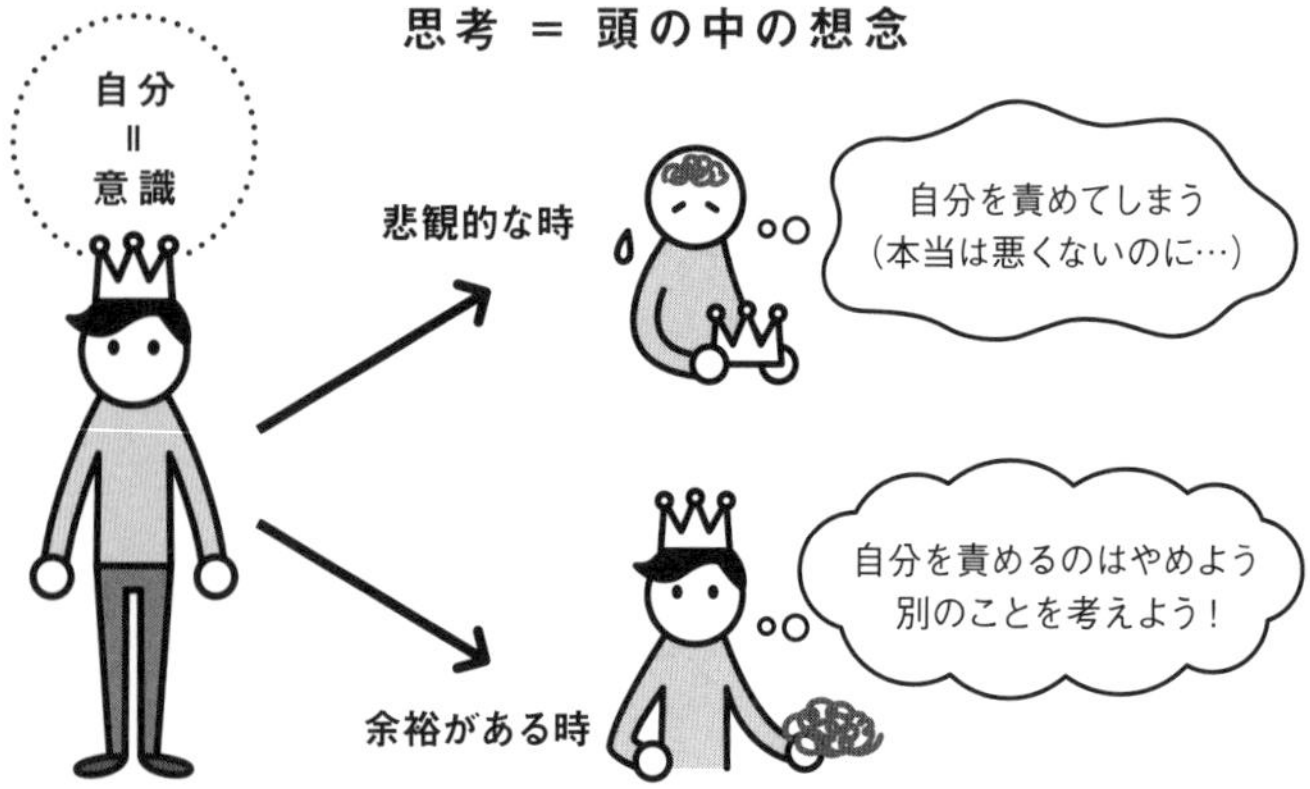
思考 ＝ 頭の中の想念
自分
＝
意識
悲観的な時
自分を責めてしまう
（本当は悪くないのに…）
余裕がある時
自分を責めるのはやめよう
別のことを考えよう！

えられることがありますね。

このように、本来は、**考える内容も「あなた（意識）」が選択するものであって、「あなた（意識）」そのものではない**のです。

私は大学3年生の時に失恋をしました。以後8年間も、失恋のことを考えては、別れた彼女への激しい憎しみを感じていました。

当時は、「強烈な憎悪の感情」と「私を正当化させる考え（思考）」が絡みついたものが私を支配していました。これらは身体を緊張状態にします。やはり、思考、感情、身体は密接に結びついていますね。

しかし一方で、失恋の原因は自分にあると深いところでは気づいていました。私が長く引きずってしまったのは、思考をコントロールできなかったからです。当時は、自然とわいてくる考えや感情は自分の本音だと思っていました。

このように、意識が思考に同一化している時には、その思考を自分の考えだと思ってしまうのです。

本来のあなたは、思考・感情・身体を使うことができる

45ページでインドの古い哲学を紹介しました。人間を「王様の馬車」にたとえたものですね。

本来、馬車は王様が行きたい所へ行くためにあります。王様の馬車には御者がいて、王様は御者に行きたい所へ行くように指示します。御者は手綱をあやつり、王様が行きたい目的地へと馬を走らせます。馬車は馬に引かれていきます。

馬車は「身体」を、馬は「感情」を、御者は「思考」を、そして王様は「意識（あなた）」を表すとお伝えしました。**本来、「思考」も「感情」も「身体」も**

「あなた（意識）」が行きたい所へ行くための道具なのです。

しかし、インドの古い哲学では、**「多くの人間は、感情が思考と意識を乗っ取って、感情がしたいと思っていることをしている」**と教えています。

この章で解説したことに当てはめて考えると、王様は眠っていて（無意識的になっている）、御者（思考）は馬（感情）の言いなりになり、王様（意識）と御者（思考）を乗せた馬車（身体）は馬（感情）が行きたい所に行く、ということです。

私の大学生の頃の失恋は、彼女に対する怒りが、私を正当化する考え（思考）をつくり上げ、この「感情」（怒り）と「思考」（正当化）に「私（意識）」は流されていたのです。

もっと身近な例で言うと、洋服を買う時、「買いたい」という感情が強い時には、「今、買ったほうが良い理由」を見つけて、それしか考えられなくなっているようなものです。これも、感情が思考を乗っ取っていることになります。

よくよく観察してみると、私たちはしょっちゅう御者（思考）が馬（感情）の言いなりになって、王様（意識）は馬の行きたい所に付いて行かされていることがわかります。これが、「**無意識的に流されている自分**」であり、「**脳内プログラムどおりに生きている時の自分**」なのです。

「意識」がある場合、ない場合

「自分（意識）」と「思考」「感情」「身体」を同一視している人は、習慣を修正しにくいことについて、人間と動物の違いを例に考えていきます。

犬や猫のような動物には意識がまったくない、とは言えません。ただし、人間と比較すると、ずいぶんぼんやりしていると言えるでしょう。

犬や猫にも「感情」と「身体」があります。しかし、動物は人間に強制されない限り、「感情」や「身体から来る欲求」には逆らえないでしょう。これが、「**意識（あなた）」があるかないか**の違いです。

これはつまり、「**人間は自らのパターン（習慣）を意識的に変えることができる**」ということ（そして、動物はほとんど無意識的にしか生きられないということ）を意味します。

人間も動物のように欲求や感情に従って生きることができます。しかしそれでは、自分自身をつくり変えることが難しくなるのです。

人間は、「好き・嫌い」を超えられるから変化できる

スポーツや芸術などの分野で才能を開花させるには、楽しいことばかりしているわけにはいかないでしょう。サッカーが好きな人は、試合やシュートの練習はしたいけれど、筋トレやランニングなど、退屈な基礎トレーニングはしたくないかもしれません。しかし、才能を伸ばすには、嫌だと思うことも地道に行う必要があるのは確かです。**人間は「好き・嫌い」を超えて大事だと思えることを行うことによって変化する**のです。

「はじめに」で、「あなたが今習慣化したほうが良いと思っていることは、現時点では習慣化できていないことだ」とお伝えしました。ダイエット、ジム通い、早起き、どれも好きなことだけではありませんね。習慣化するには、現段階で「嫌いなこと」「苦手なこと」を歯磨きのように当たり前にできるようにすること

図12：「意識（あなた）」は思考・感情を方向づけて自分をつくり変えることができる

が欠かせません。そのためには、できりく限り、脳内プログラムからの抵抗を少なくする必要があります。

第2章では脳内プログラムと「あなた（意識）」の同一化を外す訓練（脱同一化）をします。それによって、脳内プログラムの抵抗を和らげることができます。

ただし、**脳内プログラムから脱同一化できるのは、「脳内プログラムが自分ではない」ということを知っている人だけ**です。そのことについては第1章のここまでのページで、くり返しお伝えしてきましたが、この部分、納得はいきましたか？

もしまだ不安があるようならば、この

第1章をくり返し読んで理解を深めてから、第2章へと進むことをオススメします。

遠回りに思えるかもしれませんが、これも習慣化にとって必要なことです。私たちは、「好き・嫌い」を超えて大事だと思えることを行うことによって変化するのですから。

第2章

「意識」の力を取り戻す

習慣を変える前にやらなければいけないこと

習慣も「部下（無意識）」がつくる

この章では、第1章でお伝えした「主体的に選択できるあなた（意識）」を体験するためのヒントを紹介します。

私たちは、自分で意思決定しているつもりでも、実際にはパターン化した反応をしている場合が多いとお伝えしてきました。習慣もその一部です。

習慣は「**あなた（王様）」が意識的につくったもの**と、「**部下（無意識）」が勝手につくったもの**があります。

美しいたたずまいの女性を見かけることがあります。目上の人と話す時など、背筋がスッと伸びていて足はきちんと揃っていてとても美しく見えます。このような姿勢は一朝一夕で身につくものではありません。はじめは、両親に指摘されたのかもしれません。その後、このような姿勢を意識的にくり返すことによって習慣となり、いつのまにかまったく意識することなく、自然と美しい姿勢をとるようになったのでしょう。これは、「王様（意識）」が「部下（無意識）」に命令してつくった習慣です。なお、私には口を開けて食べる悪い習慣がありました。これは、父親がそうだったので、子どもの頃、自然と（無意識的に）真似をしてしまったものです。これは「部下（無意識）」が勝手につくった習慣ですね。

コンピュータはコンピュータを変えられない

第1章で「無意識的に流される自分（意識）」は悪い習慣などの脳内プログラムに支配されているので、習慣を修正するのは難しい、とお伝えしました。

これを、比喩を使いながらもう少し考えてみましょう。

パソコンなどコンピュータは、いったんプログラムが組まれると自動的に同じパターンがくり返されます。これを人間に当てはめると、**「無意識的に流される自分（意識）」の状態では、脳内プログラムによって同じパターンがくり返され**

図13：脳内プログラムに同一化しているあなた（意識）

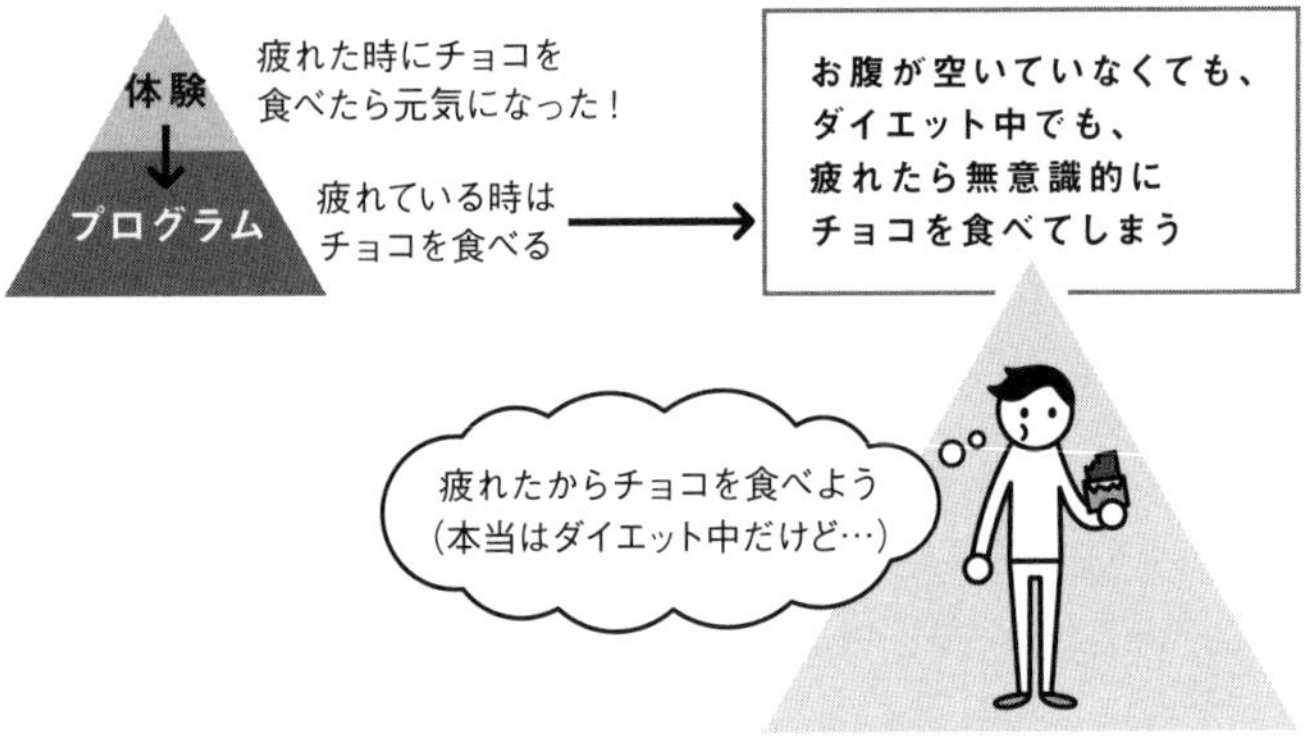

体験
プログラム
疲れた時にチョコを
食べたら元気になった！
疲れている時は
チョコを食べる
お腹が空いていなくても、
ダイエット中でも、
疲れたら無意識的に
チョコを食べてしまう
疲れたからチョコを食べよう
（本当はダイエット中だけど…）

るということです。ですから、「無意識的に流される自分（意識）」は無意識によって習慣化されているということです。

コンピュータはプログラマーがプログラムを書き換えることによってパターンを変えることができます。同じように、「あなた（意識）」もプログラマーのように脳内プログラムを書き換えることができます。

しかし、当たり前のことですが、**コンピュータがコンピュータを変えられないように、脳内プログラムが脳内プログラムを変えることはできません。**

ちなみに、「脳内プログラムに同一化しているあなた（意識）」は、自分自身を脳内プログラムだと錯覚しています。なので、「脳内プログラムに同一化しているあなた（意識）」＝「脳内プログラム」だとお考えください。

つまり、**「脳内プログラムに同一化しているあなた（意識）」は、同じレベルにある「脳内プログラム」を書き換えることはできない**ということです。

習慣を変えるために必要なこと

このことは脳内プログラムを書き換える――つまり習慣を変えるためには、**脳内プログラムのレベルよりも上のレベルに移行しなければならない**ことを意味します（図14）。これができた時、「あなた（意識）」は脳内プログラムから自由になります。これはつまり、**習慣を変えられる状態になる**ということです。

脳内プログラムから自由な状態とは、脳内プログラムとともにいながらも、それを客観視できている状態です。それは、あなたが、心臓とともにいながらも、それを冷静に観察しているのと同じです。このような状態の時のあなたは、どんなに感情が激しく動いていたとしても、それを客観視しようと意識したら、「感情の動きを感じる」ことをしながら、「感情を観察している」という2つの動き

図14：「意識」は「脳内プログラム」より高いレベルにある

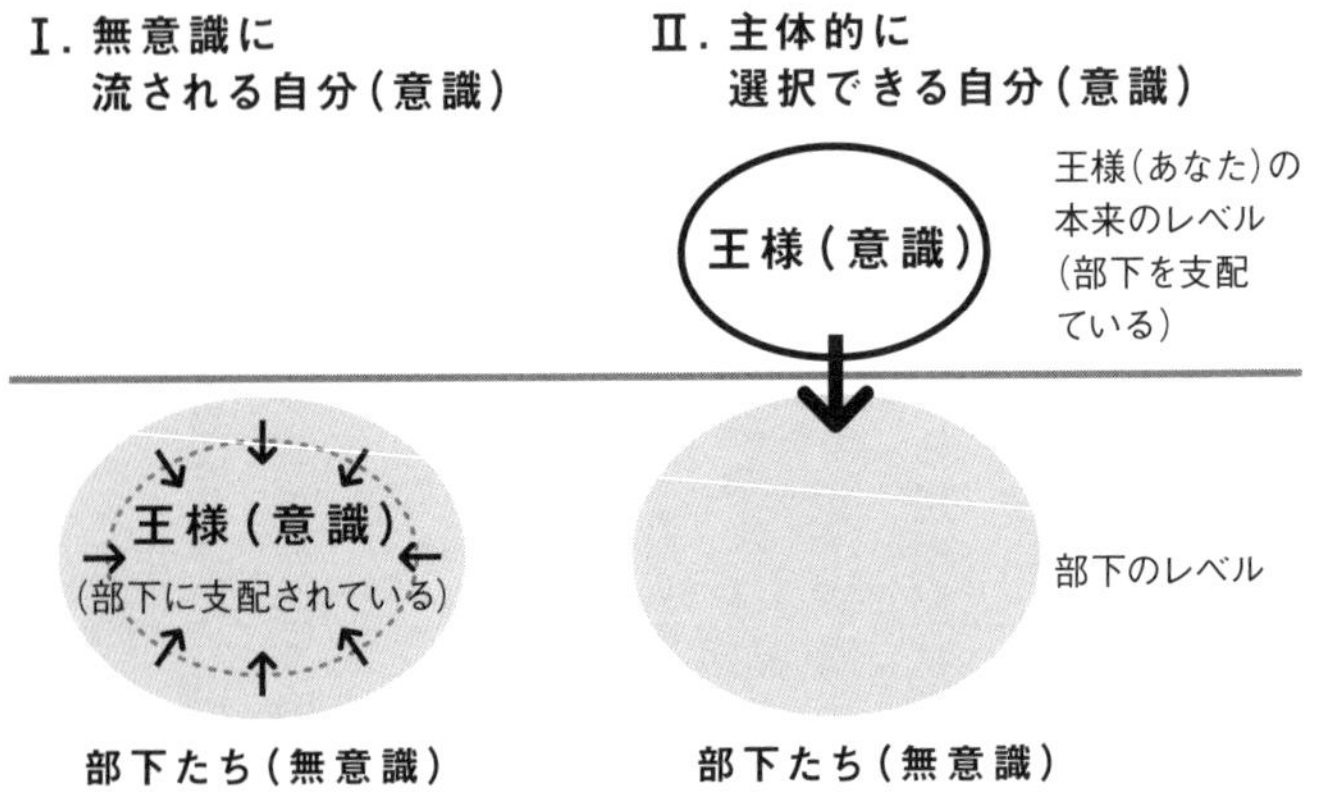
Ⅰ. 無意識に
流される自分（意識）
Ⅱ. 主体的に
選択できる自分（意識）
王様（意識）
王様（あなた）の
本来のレベル
（部下を支配
ている）
王様（意識）
（部下に支配されている）
部下のレベル
部下たち（無意識）
部下たち（無意識）

を同時に行えるでしょう。

「意識」は「脳内プログラム」よりも高いレベルにある

ここで覚えておいてほしいことがあります。それは**「脳内プログラム」と「意識」は本来別のレベルにある**ということです。つまり、「意識（あなた）」のほうが高いレベルにあるのです。ですから、本書では、「意識（あなた）」のことを「王様」と呼び、「脳内プログラム」や「無意識」のことを「部下」と呼んできたのです。

「あなた（意識）」が悪い習慣に支配されてしまうのは、気づくことなく（無意

図15：「コントロールする自分」と「コントロールする対象」

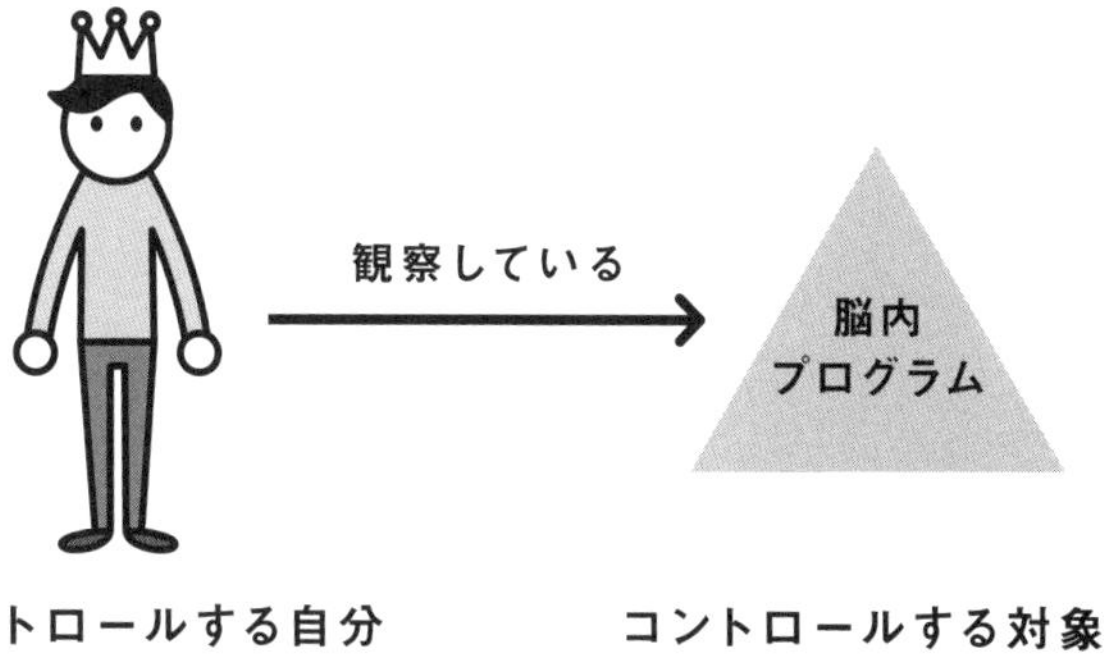

識的に）、「脳内プログラム」のレベルに降りていて、それに捕われてしまっているからです。このように、意識が脳内プログラムのレベルに降りて、自分のことを脳内プログラムだと錯覚することを本書では**「同一化」**と呼んできました。

同一化している時、意識は、まるで自分が脳内プログラムそのものであるかのように錯覚してしまうのです。

習慣を修正するとは、自分の中のシステムをコントロールするということです。

何かをコントロールするには、「コントロールする対象」と「それをコントロールする自分」を分けなければなりません（図15）。たとえば、あなたは呼吸のスピードをコントロールできますね。これは「肺とその活動（呼吸）」と「それを観察するあなた（意識）」に分けているからです。だから「あなた（意識）」がその観察対象である「肺とその活動（呼吸）」をコントロールできるということになります。

意識状態は、話す「言葉」に現れる

長らく喘息を患っている人は、**「私は喘息です」**と話すことがあります。なぜこのような表現をするかというと、このような人の頭の中では、「私（意識）＝喘息」という公式化があるからです。この場合、まるで生まれつきの性質のように、「喘息」を「自分（意識）」の一部にしてしまっているのです。

もちろん、喘息のつらい症状で悩む方も多く、このように捉えてしまうのはムリもないことかもしれません。しかし、これでは喘息という症状をコントロールできるという感覚をもちにくくなるのも事実です。

この場合、**「私には喘息の症状がある」**という表現を使うことによって、喘息をコントロール（治療）しやすくなります。「私（意識）」と、その観察対象である「喘息」を分けたからです。

同様に、「私は掃除できない（私＝掃除できない）」などの観念をもってしまっている人も、「私には掃除が苦手だという観念がある」というように、「私（意識）」と「観念」を分けるだけで、観念はコントロールする対象となり、実際にコントロールしやすくなるのです。

観念や価値観だけでなく、習慣も脳内プログラムです。よって、**「私」と「習慣（脳内プログラム）」を分けることによって、習慣を変えやすくなる**のです。

一番大事な「習慣」とは？

2つのワークに取り組もう

「主体的に選択できる意識」を保つのは難しいとお伝えしましたが、実感できていない方も多いかもしれません。そこで、「主体的に選択できる意識」を維持するのがいかに難しいかを実感する簡単なワークを2つご紹介します。**「じっと見る訓練」**と**「考える訓練」**です。ワークの手順は、次のページにまとめます。

さて、2つのワークをやってみていただけたでしょうか？

やり方は簡単ですね。時間もそれぞれ数分あればできることです。しかし、どちらも難しく感じられたという方が多いと思います。私はこの2つのワークを大勢のご受講生にチャレンジしていただきましたが、ほとんどの人は2つとも難し

WORK 01

じっと見る訓練

❶何でもいいので「何かひとつの物を集中して見る」と決めます。そして、「見ること以外は何もしない」と決めて、ただ見ることに集中します

＊思考を止めて、見ると決めた対象をじっと見続けます

＊見る対象は、「ペットボトル」「花」「外の景色」など何でもかまいません

❷❶を3分間続けます

WORK 02

考える訓練

❶何でもいいので「退屈なこと（興味のないこと）について考える」と決めて、それについてのみ考えます

＊考えることは「ホッチキスについて」「電球について」「冷蔵庫について」など、まったく興味がなく、あえてあなたにとって退屈なことを選択します

❷❶について5分間考え続けます

＊考え続ける際、その対象に関する細々とした質問を自問自答すると良いでしょう

く感じられていました。中には、**「じっと見る訓練」**あるいは**「考える訓練」**のどちらか片方は上手にできたという方もいます。しかし、両方とも上手にできるという方はほとんどいませんでした。

たとえば、「じっと見る訓練」であれば、「ペットボトル」だけを集中して見ようと決めても、外から聞こえてくる騒音に意識が向かってしまったり、「これで見ることに集中できているのかな？」と疑念がわいてきたりする人もいます。

また、ペットボトルだけを見るのは楽しいことではないので、すぐに飽きてしまって、「今晩何を食べようか？」などと考えてしまうことがあります。頭の中に「イメージや言葉（想念）」がどこからともなくわいてきて、いつのまにか意識がそれていく……。「たった3分間ペットボトルだけを集中して見る」と意識的に決めて見るだけのことでも、気が散って関係のないことを考えてしまう場合が多いのです。

「考える訓練」を実際にやってみた方も、5分間、興味のないことをひたすら考えることは簡単ではなかったでしょう。たとえば、「5分間ホッチキスのことを考える」と決めたとします。その際、対象となるものに関する細々とした質問を自問自答すると良いと書きました。たとえば、「どこで製造されたのか?」「幼い頃に使っていたホッチキスとはどこが違うのだろう?」「この前に、このホッチキスの針を入れ替えたのはいつだろう?」などです。その途中で、関係のないことに勝手に思考(想念)が流れていくことが多いのです。「どこで製造されたのか?」という問いから、「東南アジア製かなぁ」「タイやマレーシアかもしれない」「そういえばタイは旅行したことがあったなぁ。あの時に食べたトムヤムクンはおいしかったなぁ」などと思考がホッチキスとはまったく関係のないことに脱線していくことが多いでしょう。

このワークの目的もまた、「ある対象についてだけ5分間考える(思考する)」というものでしたが、実際には、この対象について考えようと決めたものとは関係のないものについて考え出してしまうことが多いのです。

2つのワークが「主体的に選択できる意識」を強くする

この2つのワークは、「意識的に見たり、考えたりするのが難しい」ということを実感していただくために体験していただきました。

ただ、これを紹介した目的はもうひとつあります。それは、**この2つのワークを少なくとも毎日1回ずつ行ってほしい**という目的です。それによって確実に、**「主体的に選択できる意識」が強くなる**からです。

「意識的に生きることが難しい」という自覚がある人だけが、意識的になる努力をします。毎日これらのワークを行うだけで、いかに無意識に流されるかを実感しますので、「流されずに意識的になりたい」という気持ちを強くできます。

また、**「意識を向けたものが強化される」**という法則があります。たとえば、寝る前にその日に体験した感謝できるような出来事に意識を向けると、健康な心が育ちます。感じる力が鈍い人は、感じていることに意識を向け続けると身体感覚が鋭敏になっていきます。

このように、**何に意識を向けるかによって、育つものが決まる**のです。

これらのワークは「**主体的に選択できる意識**」を意識することになるので、これを強化します。**意識を向ける対象を決めることによって自分を意識的に育てることができる**のです。

身体・感情・思考の同一化をやめる

「わかっているのにできない」理由

73ページのワークのように、ほとんどの人にとっては「意識的に見ると決めること」も、「意識的に考えると決めること」も、案外難しいことです。これが、**悪い習慣をやめられない原因**です。理性的に考えると「やったほうが良い」と思えるのに、それができない時、**無意識的にわき起こってくる思考、感情、身体からくる流れに、「意識（あなた）」が流されている**のです。

たとえば、私の知り合いに、朝から晩まで食べることばかり考えているという方がいます。朝起きたら、「朝ごはんは何を食べようか？」と考え、朝ごはんを食べ終えるとすぐに「昼は何を食べようか？」と考え始め、昼ごはんを食べ始めるまでずっと昼ごはんについて考え、さらに昼ごはんを食べ終わるとすぐに「夜ごはんは何を食べようか？」と考え始めるそうです。このようにしていたら一日中食べることばかり考えることになりますね。もちろんこの方は、食べるのが好きなのですが、このような悪い思考習慣にうんざりしていました。これでは、将来やりたい仕事のことなど大事なことを考える時間が少なくなってしまうからです。これは、まさに王様が馬に従っている状態ですね。

「意識（あなた）」は感覚・感情・思考をコントロールする司令塔

「自分（意識）」を王様だとハッキリと意識するのに思考・感情・身体を観察することが役立ちます。たとえば、感情を観察しているということは、「自分（意識）」が感じている感情を、同時に観察する対象として眺めているということになりますね。これは、この章の冒頭でお伝えした「あなた（意識）」と「脳内プログラム（習慣など）」を分けることと基本的に同じです（図15参照）。

脳内プログラムに意識が同一化すると、使う言葉にも表れるとお伝えしました。

そのひとつが、「私は喘息です」でしたね。同じように、私たちは怒っている時、「怒り（感情）がある」ということを冷静に眺めていません。「私は怒っている（私＝怒り）」と表現されるように、「意識」と「感情」をごちゃまぜにしています。

感情を観察することは、「意識（あなた）」と「感情」を分離するのに役立ちます。このように、意識と感情を分離することができるのも、意識と感情が別々の物だからです。

水は、水素（H）と酸素（O）という別々の元素が結びついているので、現代の科学者は高度な技術を用いれば分解できるでしょう。しかし、このようなことは太古の昔の人たちは知りませんでした。大昔の人は、水の理解という観点では無知（無意識的）でした。一方、現代の科学者は、水に関して理解している、つまり意識的になっているから分離するという選択ができます。

多くの人は、思考・感情・身体と「意識（あなた）」が、まるで水のようにひとつのものになっているような状態が「意識」だと思っているのです。このような状態では、大昔の人には水を分解しようという発想がないように、思考・感情・身体と「意識」を分解しようなんて思わないことでしょう。

水が別々のものが組み合わさったものだと知れば分解できるように、意識、思考、感情、身体が別々のものだと知れば、分解できるようになるのです。

身体・感情・思考の同一化をやめる

ここでワーク3に取り組んでみましょう。

たとえば、ふだん部屋が暑いと、「暑いと感じる」などと思うでしょう。ここで「暑いと感じる」と思っている場合、主語は「私は」であることが多いでしょう。無意識的に「**(私は) 暑いと感じる**」になっているのです。

しかしここでは、意識を身体と同一化するのをやめて、主語を変えてみます。「**(身体は) 暑いと感じている**」と、**主語を身体**にします。つまり、「私(意識)が暑いと感じている」のではなく、「身体が暑いと感じていて、この状況を意識(あなた)が観察している」とするのです。

子どもの頃、転んでケガをした時など、大人に「痛いの痛いの、飛んでいけ~」なんて言われたことがある人もいるでしょう。子どもは素直なので、そのとおりに反応して、実際に痛みが和らぐことが多いのです。

WORK 03

意識から身体反応を観察してみる

❶今、感じている身体反応（暑い、涼しいなど）に意識を向けます

❷「この身体反応は自分ではない」とつぶやきます

❸「私は～（身体反応）を感じている」ではなく、「身体は～を感じている」と、主語を私ではなく身体とします

❹「意識（私）」が「～を感じている身体」を観察します。身体から脱同一化した意識から、身体における感覚を観察するのです

これは錯覚ではありません。痛みを他人事のように観察して、痛みから脱同一化したので軽減したのです。

今度は感情から脱同一化する練習です（ワーク4）。

感情はとても同一化しやすいものです。しかし、この状態も「身体を観察するワーク」と同様に**主語を「あなた（意識）」ではなく「感情」にして、感情を観察対象にする**ことによって、冷静に観察できるようになります。とくに私たちが苦しい時、ネガティブな感情に流されていますので、「感情と自分（意識）の同一化をやめる」と決めるだけで、多少は楽になります。

今度は**思考**ですね。思考は頭の中の考えや想念ですが、これがないという状態はめったにないでしょう。

すでにお伝えしているとおり、思考については、「自分で考えることを決めて考えている」と思っている方が多いかもしれません。しかし、意識して「あることと（たとえば好きな異性のことなど）を考えよう」と考えているように思えても、

WORK 04

意識から感情を観察してみる

❶やや辛い出来事を思い出して、感情的反応がわき上がってくるのを待ちます

＊慣れるまでは重い感情は避けてください

❷「この感情は自分ではない」とつぶやきます

❸「私は～（感情）を感じている」ではなく、「感情は～を感じている」と主語を私ではなく感情とします

❹「意識（私）」が「～を感じている感情」を観察します。感情から脱同一化した意識から、わき上がってくる感情を観察します

❶
昔、好きな人に友だちの前でフラれたなぁ
悲しい感情がよみがえるなぁ…
❷
感情は自分ではない！
この感情は自分ではない
❸
感情は悲しいと感じている
❹

よくよく観察してみると、その思考内容は、どこからともなく浮かんでくる場合のほうがずっと多いことに気づくはずです。

たとえば、朝起きてすぐの時には、頭の中が空っぽになっているでしょう。その時にはぼーっとしているので、何かについて考えようなんて思わないでしょう。しかし、やがて、気になっていることへと勝手に意識が向かっていきます。期末テスト中ならば勉強していない科目のことが気になって仕方がないでしょう。このように、**ほとんどの思考は、無意識的にさまざまな考えが浮かんでは消え、また浮かんでは消えをくり返している**のです。

そもそも、イヤなことなんて考えたくもないはずなのに、しょっちゅう考えていませんか？　先ほどご紹介したように、食事のことばかりを考える傾向がある人もいます。これらも思考習慣だということがわかるでしょう。

悪い思考習慣も、ワーク5のように、「私は～を考えている（思考）」ではなく、**「思考の流れは～となっている」**と主語を私ではなく「思考の流れ」とすることにとって、切り替えやすくなります。

身体や感情と同様に、思考も「あなた（意識）」ではないということに気づけ

WORK 05

意識から思考を観察してみる

❶とりとめもなくわき起こってくる思考の流れに意識を向けます

❷「この思考は自分ではない」とつぶやきます

❸「私は〜を考えている（思考）」ではなく、「思考の流れは〜となっている」と主語を私ではなく「思考の流れ」とします

❹「意識（私）」が「〜となっている思考の流れ」を観察します。思考から脱同一化した意識から、わき起こってくる思考を観察します

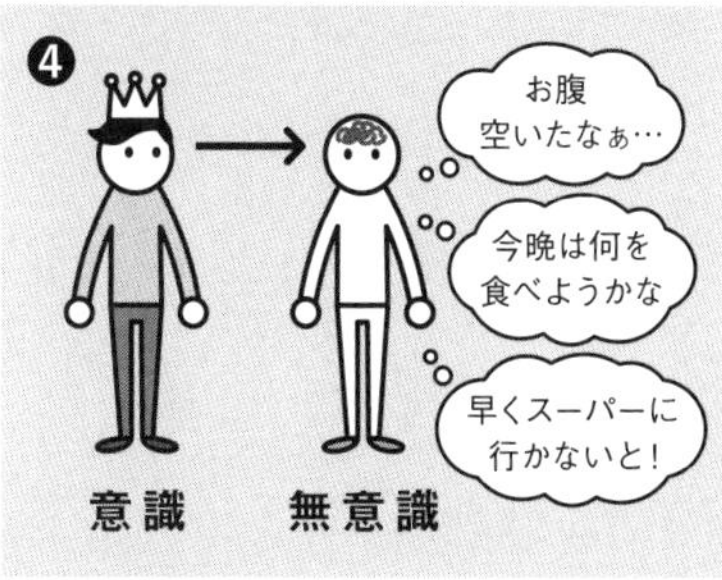

たら、意識的に脱同一化できるようになるからです。

ネガティブな思考をポジティブな思考へと切り替えるには？

ネガティブなことを考えている時に、ポジティブなことを考えるよう切り替えるのは難しいです。

ネガティブなことを考えている時には、まずニュートラル（中立）にすることを目指してください。ニュートラル（中立）にするとは、「**良い・悪いを判断せずにただ観察すること**」です。これは、「思考を観察するワーク」のように、ただ頭の中をかけめぐっている思考（想念）を止めようともせずに、ただ眺めてみることです。それだけで、ネガティブな思考への同一化は終わっていきます。

ネガティブな思考を観察し始めてからしばらくすると落ち着いてきます。ある程度冷静になれたら、ポジティブなことを意識的に考えるようにしてみます。今度はスムーズに切り替わるはずです。

このように、ニュートラルな状態から意識的にポジティブなことを考えるのは、王様が思考（手綱）を道具として使ったことと言えるでしょう。

脱同一化によって悪い習慣を断ち切る

しつこい考え（思考）や強い感情体験から脱同一化するには？

思考・感情・身体反応を観察するワークをご紹介しました。読んだだけだと、とても簡単なことに思えるかもしれません。でも、私たちは、ふだんこれらと同一化している（無意識的になっている）ので、実際にやってみると新鮮な気づきが得られたという方もいらっしゃるでしょう。

まずは、一日一回でいいので、思考・感情・身体反応を観察するようにしてみてください。それだけで、「無意識的に流されている自分」と「主体的に選択できる自分」の違いに気づきやすくなります。

思考・感情・身体反応の観察は、脳内プログラムがあまり働いていない時ほど簡単にできます。しかし、強く感情的になってしまうような場面では、これらを客観的に観察することはできないでしょう。そのような場面では、感情と「意識（あなた）」を分離しにくいです。

たとえば、犬恐怖症の人が犬に遭遇している最中に、冷静に自分の感情を観察することなんてできないでしょう。このような状況では、強烈な感情と身体反応がネガティブな考えをつくり出し、あなたを狭い世界に閉じ込めてしまいます。

根深い課題に直面している場合など、どうしても感情的になってしまうような場面で脱同一化するには、特別な方法を加える必要があります。

そこで、91ページでは、**「脱同一化のワーク」**をご紹介します。

脱同一化のワーク――2つの状態を切り替える

91ページでご紹介するワーク6は、より効果的に脱同一化するために「意識から身体を観察するワーク」「意識から感情を観察するワーク」「意識から思考を観察するワーク」をひとまとめにしたものです。

ワーク6の手順を補足します。

❶で扱うテーマは、不愉快になってしまう体験を選びます。たとえば、苦手な人間関係での嫌悪感や怒りなどです。リラックスして行ったほうがイメージしやすいので、3回深呼吸をしてから行うと良いでしょう。

❶でしっかりとイメージできたら、再度気分を変えるために3回ゆっくりと深呼吸をします。そのうえで、不愉快な気分を感じている自分から抜け出し、思考・感情・身体を椅子に残して立ち上がります。これは、まるで、幽体離脱するかのように、身体から抜け出したと仮定して、元々座っていた自分からできるだけ離れて、元々座っていた自分の後方から眺めるような位置に立ちます。ここでは、不愉快な気分を感じている自分から抜け出して、思考、感情、身体を椅子に残したイメージをもつだけでもかまいません。その場合、本当に椅子に不愉快な気分を感じている自分が座っていると思ってみてください。

❸は81、83、85ページで行った身体・感情・思考を観察するワークと同じです。よって、「私は」を主語にするのではなくて、「身体は〜を感じている」「感情は

❸ここからは81、83、85ページで行った身体・感情・思考を観察するワークと同じです。今回は、身体、感情、思考を、外側に見ます（椅子の後ろに立ってそこから、椅子に座っている不愉快な体験をしている人物を見ます）。身体、感情、思考を一つひとつ順番に、まるで他人事のように観察します

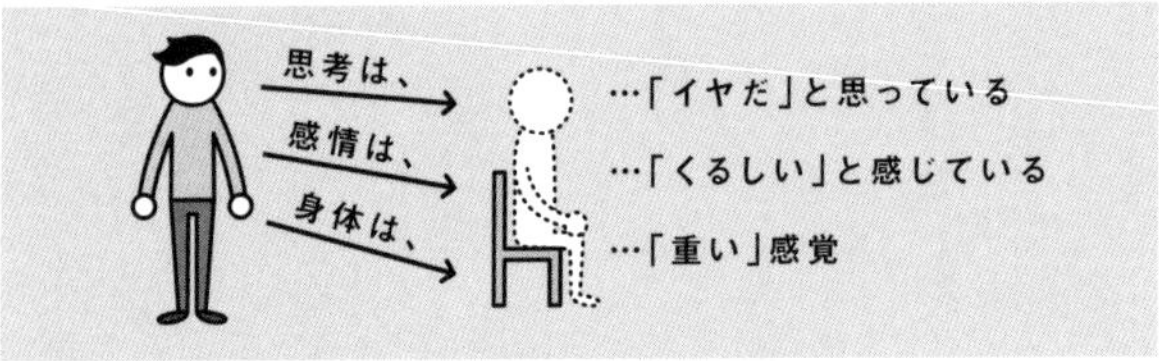
思考は、
…「イヤだ」と思っている
感情は、
…「くるしい」と感じている
身体は、
…「重い」感覚

❹「身体反応」「感情」「思考」をとらわれずに眺めてみます（このように眺めているあなたが「主体的に選択できる意識（あなた）」です）

＊ 身体、感情、思考を他人事のようにあくまで外側から見える情報を描写します

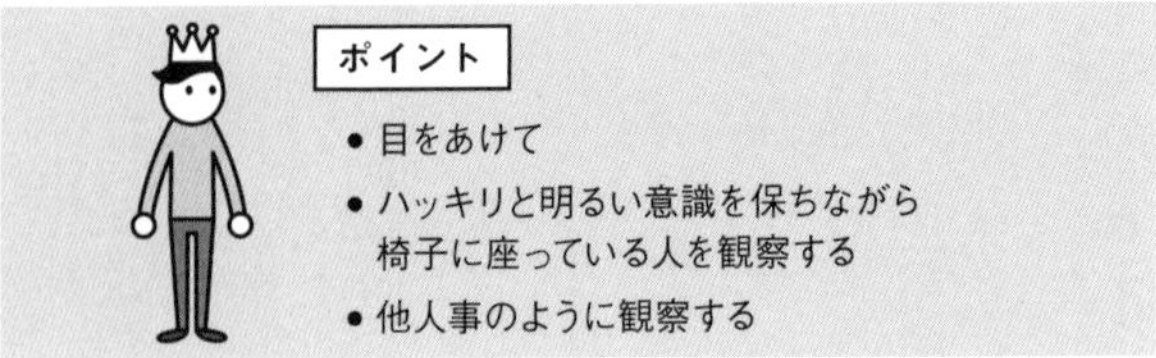
ポイント
● 目をあけて
● ハッキリと明るい意識を保ちながら
椅子に座っている人を観察する
● 他人事のように観察する

WORK 06

「無意識的に流されている自分」を「主体的に選択できる自分」へ転換する

❶椅子に座ってとても不愉快になってしまう体験を具体的に思い描いてください。1～2分ほど、実際に不愉快な気分になるまで続けます

❷3回ゆっくりと深呼吸をし、イラストを参考にして不愉快な気分を感じている自分を椅子に置き去りにし、(思考・感情・身体を椅子に残して)立ち上がります。できるだけ離れて元々座っていた自分の後ろから眺めるような位置に立ちます

〜を感じている」「思考の流れは〜となっている」とします。「身体、感情、思考を観察するワーク」では、身体（あるいは、感情、思考）とともにいながら、観察しましたが、このワークでは同じことを空間的に分離して行います（「椅子に座っている自分（イメージ）」と「それを観察している自分」の2つに分離しています）。

通常は、身体と感情と思考が密接に結びついて脳内プログラムを形成していますが、このように、一つひとつ分解して観察することで、この3つの連結が緩んで不愉快な体験をコントロールしやすくなります。

もちろん、椅子に座っている自分はイメージに過ぎません。現実には椅子の上には何も見えませんが、椅子に残した自分（不愉快な体験をしている自分）が実際にそこにいると想像して観察します。

その際、目を開けて、ハッキリとした明るい意識を保ちながら椅子に座っている人（椅子に置き去りにした不愉快な体験をしている自分）を他人として観察します。ポイントは、たんたんと他人事のように観察することです。

「主体的に選択できる自分」の特徴

さて、91ページのワークで「無意識的に流されている自分」から「主体的に選択できる自分」への転換はうまくいったでしょうか。

このワークの場合、「無意識的に流されている自分」は不愉快な体験をしている自分となります。不愉快な体験をしている自分を椅子に置き去りにして、他人事のように観察している自分が、「主体的に選択できる自分」です。

このワークを適切に行えた場合、感情的な反応が薄れてニュートラルな状態（静かな状態）になります。

「主体的に選択できる自分」の特徴は、視野が広く、思考・感情・身体反応にとらわれていない状態です。つまり、**思考・感情・身体反応に流されるのではなく、「あなた（意識）」が決めたことを実行しやすい状態**です。

この状態を実現することによって、悪い習慣を修正して健全な習慣を取り入れる行動をとりやすくなります。

悪い習慣を克服するには？

「主体的に選択できる自分」に切り替えると、思考・感情・身体反応から切り離されて、ニュートラル（静かな状態）になる、とお伝えしました。それは「あなた（意識）」から思考・感情・身体へのエネルギーの供給が止まるからです。

76ページで**「意識を向けたものが強化される」**という法則を紹介したのを覚えていますか？　身体感覚が鈍っていても、身体感覚に意識を向け続けると敏感になってくるのでしたね。たとえば、将来の不安について考え続けると、将来の不安はどんどん増大していくでしょう。このように、**何に意識を向けるかによって、意識から流れるエネルギーをどこに供給するかが決まる**のです。

言い換えれば、関心があり、意識を向け続けていた対象も、意識を向けるのをやめれば干からびてなくなってしまうということです。

この法則は、悪い習慣を修正するのに役立ちます。

ゲームをしたりお酒を嗜んだりすることは楽しいものです。しかし、これらはやめられなくなると、中毒性のある悪い習慣になってしまいます。しかし、何らかの方法でそれに意識を向けるのをやめれば、悪い習慣は瓦解します。

私の知り合いに、かつてゲーム依存に陥っていた人がいます。彼は、ある時、ヨーロッパへの長期出張に行くことになり、滞在中、現地で新たに知り合ったビジネスパートナーに連れられてオペラを見たところ、本場のオペラの素晴らしさに魅了されたといいます。そして、くり返しオペラに通うようになったら、ゲームへの関心がなくなったそうなのです。このように関心を変えることで、悪い習慣をやめることができる場合もあります。欲求の矛先をより健全なものに向けることによる習慣の修正ですね。これは「**昇華**」とも呼ばれています。

91ページで行ったワーク6のように、**不愉快な思考・感情・身体反応に束縛されていても、脱同一化できれば、ネガティブな思考・感情・身体反応に影響されにくくなっていきます。**不愉快な思考・感情・身体反応を活性化させているエネルギーの供給が止まるからです。

第3章

「無意識」と
うまく付き合う

「習慣を変えられる自分」を確立する

人間は自分が考えたとおりの人間になる

第2章では、「主体的に選択できる意識」と「無意識的に流される意識」の違いを理解するために、いくつかのワークを体験してもらいました。この第3章では、**「主体的に選択できる意識」から習慣を修正するための土台となる考え方**をお伝えします。それは、**意識の向け方**です。

第2章の最後で**「意識を向けたものが強化される」**とお伝えしました。「無意識に流される意識」が向けたものであろうが、「主体的に選択できる意識」が向けたものであろうが、同じく、意識を向けた対象は強化されます。

もし、「あなた（意識）」が脳内プログラムに乗っ取られてネガティブなことを

図16：意識を向けたものが強化される

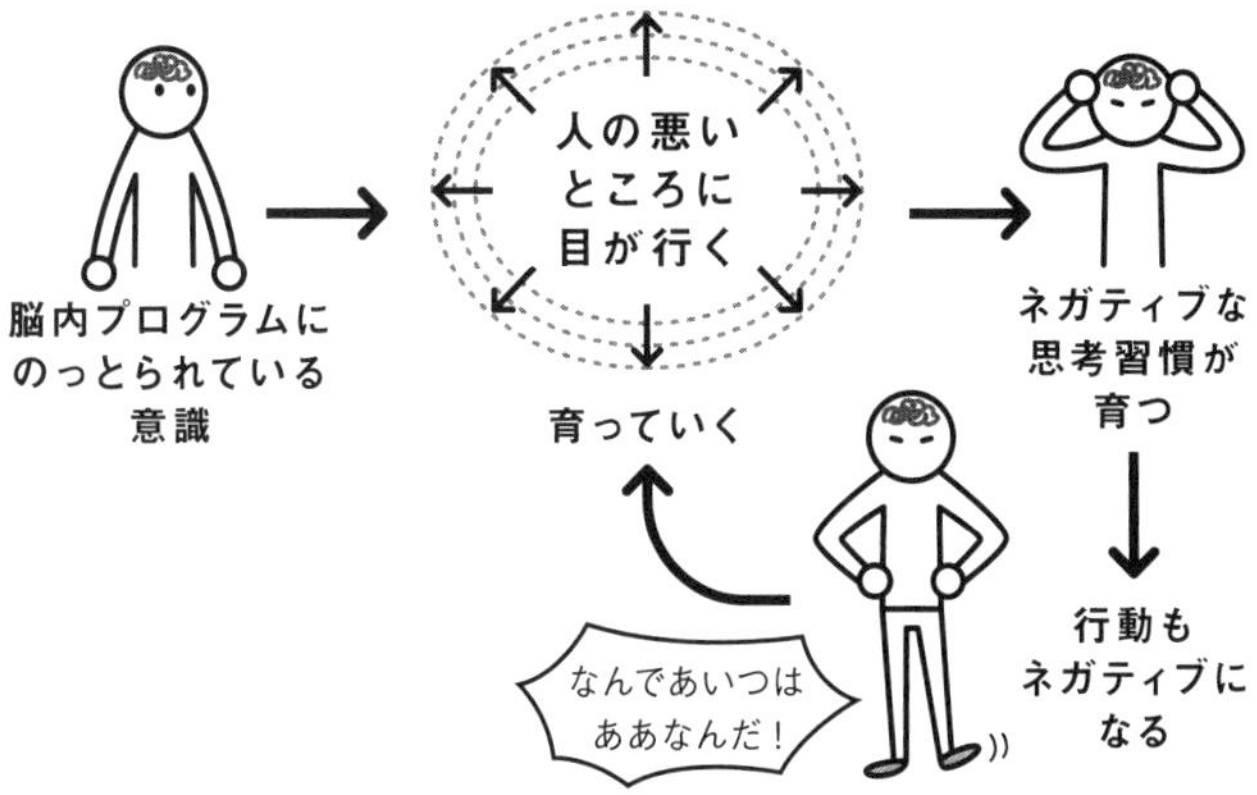
脳内プログラムにのっとられている意識
人の悪いところに目が行く
ネガティブな思考習慣が育つ
行動もネガティブになる
育っていく
なんであいつはああなんだ！

考えたとしても、意識をネガティブなことに向けたことになります。このように**「無意識に流される意識」から、くり返しネガティブなことを考えることによって、悪い思考習慣がつくり出される**のです。

さまざまな自己啓発書に等しく書かれている金言があります。

「人間は自分が考えたとおりの人間になる」

「人間はイメージしたとおりの人間になる」

ちなみにこの2つは同じものです。ここでの「考え」と「イメージ（想念）」は同じものだからです。「考え」とは思考のことですね。また、「イメージ」とは頭の中の想念のことですが、頭の中の想念もまた思考内容のことです。

たとえば、「自分はダメ人間」だとくり返し考えると、どんどん「ダメ人間だ」という自己イメージが根強く定着していきます。それに対して、自分の善良な面をくり返し考えていると、善良な自己イメージが育っていきます。

つまり、**自分がどのように育つかは、頭の中の考え（思考）とイメージ（想念）によるところが大きい**のです。これも、「意識を向けたものが強化される」と同じ意味だということがわかるでしょう。

意志の力だけで悪い習慣を変えるには限界がある

人間は、何に意識を向けるかで意識的に自分をつくり変えることができます。これは、前向きな思考習慣をもつと自動的に前向きになることを意味します。

たとえば、他者の欠点ばかりが見えてしまう人がいたとします。このような悪い習慣をもっていると、誰に会ってもイライラしてしまうでしょう。他者とのコミュニケーションもうまくきません。このような人が、「他者の良い面を見る習慣」を身につけるには何が必要でしょうか？

「他者の良い面を見る」という新しい習慣を身につけるには、しばらくの間は、これまでの悪い習慣と戦わなくてはならないでしょう。「他者の欠点ばかりを見る」という悪い習慣は、この習慣をもった人の意識を、他者の欠点に自動的に（無意識的に）向けさせるからです。

意志の力だけで「他者の良い点を見ること」に意識を切り替えるのは簡単ではありません。よほど調子が良くて元気な時にはできるかもしれませんが、疲れている時にはいとも簡単に悪い習慣に流されてしまうでしょう。

「他者の良い面を見る習慣」を身につけるには、**まずは悪い習慣の影響を受けにくい状態に切り替える**必要があります。これが、「主体的に選択できる意識」への切り替えですね。そのうえで、「他者の良い面を見る」という行動をとるのです。

もちろん、このたった一回の行動だけでは、新しい習慣は身につきません。習慣化するにはくり返しの行動が必要です。

しかし、ここで2つのことが起こっていることに注目しましょう。

・悪い習慣へのエネルギーの供給が止まる
・新しい習慣へのエネルギーの供給が始まる

悪い習慣を解体するシンプルな方法

別の例からも考えていきましょう。

毎日筋トレに励んで筋肉が維持されるように、悪い習慣も意識を向け続けることで、維持されてきました。それが、「他者の良い面を見る」という反対のことを行うことで、「他者の欠点を見る」という悪い習慣のシステムも徐々に解体されていきます。それは、友人とお酒を飲むのが日課となり、筋トレを怠るようになった人の筋肉が時間をかけて衰えていくようなものです。

同時に、「他者の良い面を見ること」に意識を向けるわけなので、少しずつですが、新しい習慣のシステムが組まれていきます。ただし、まだ自動的に（無意識的に）作動するほど強固な脳内プログラムはできあがっていません。よって、新しい習慣のシステムづくりを支援するために、意識的に他者の良い面を見る行動をくり返さなければなりません。

図17：思考習慣をつくり替える

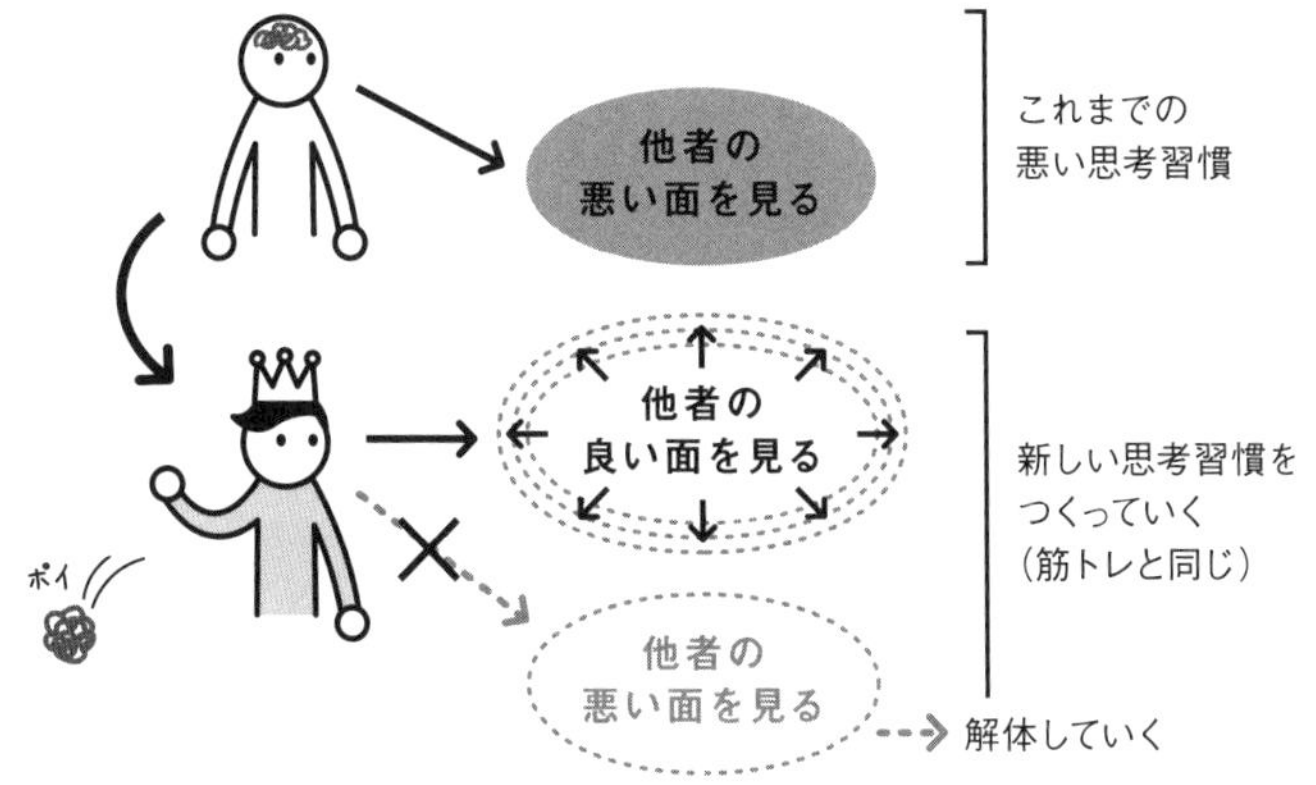
他者の
悪い面を見る
これまでの
悪い思考習慣
他者の
良い面を見る
新しい思考習慣を
つくっていく
（筋トレと同じ）
ポイ
他者の
悪い面を見る
解体していく

意識的に「他者の良い面を見る」ようにすれば、その瞬間は他者の欠点を見ることはできません。人間は正反対のことを同時にはできないからです。

つまり、**悪い習慣に関心を向けるのを忘れたら、悪い習慣は解体していく**のです。ですから、悪い習慣をやめるには、その代わりに意識を向ける善良な習慣があったほうが良いのです。

第2章で、オペラに興味をもつことによって、ゲーム中毒を解消した方の例を紹介しましたね。**「悪い習慣よりももっと大事に思えること」を見つけて、それに意識を集中させることで、習慣も変わる**のです。

一番大切なのは「習慣を変えられる自分」を確立すること

習慣を変えるうえでもっとも難しいのは、はじめの一歩です。

タバコやお酒などをやめるにも、すでに要塞のように立派につくりこまれた習慣と戦わなければなりません。よって、習慣を変える行動は、悪い習慣の要塞から離脱しなければ始められないのです。悪い要塞から逃れた自分が「**主体的に選択できる意識**」です。

ここまでの解説を読み、習慣を変えるよりも先に、「**習慣を変えることができる自分**」**を確立しなければならない**ということをご理解いただけたかと思います。第2章で提供したトレーニングは、地味でおもしろみがないかもしれません。思考や感情を観察しても変化できる気がしないかもしれません。

でも、スポーツも楽器の演奏も基礎トレーニングが土台となって上達するように、習慣化による変化もシンプルなトレーニングが土台となっているのです。

意識の向け方のコツをつかむ

〝意識↓思考〟と〝意識↑思考〟の違い

「意識を向ける」ということの出発点は**「思考内容（考えるテーマ）を意識的に選択する」**ことです。これまで、「何を考えるか」の大半は無意識的にわいてきたものでしたが、それを「あなた（意識）」が意識的に選択するということです。あなたが、考える内容を意識的に選択する場合を図式化すると**〝意識↓思考〟**です。無意識的にわいてくる場合は**〝意識↑思考〟**ですね。

私たちは「将来の不安」など考えたくもないことを考えることがあるものです。これは、意識的に選択したものではなく、無意識的にわいてきたものなので**〝意識↑思考〟**の順ですね。一方で、（流されて）ネガティブなことを考えていて、

図18：“意識→思考”と“意識←思考”

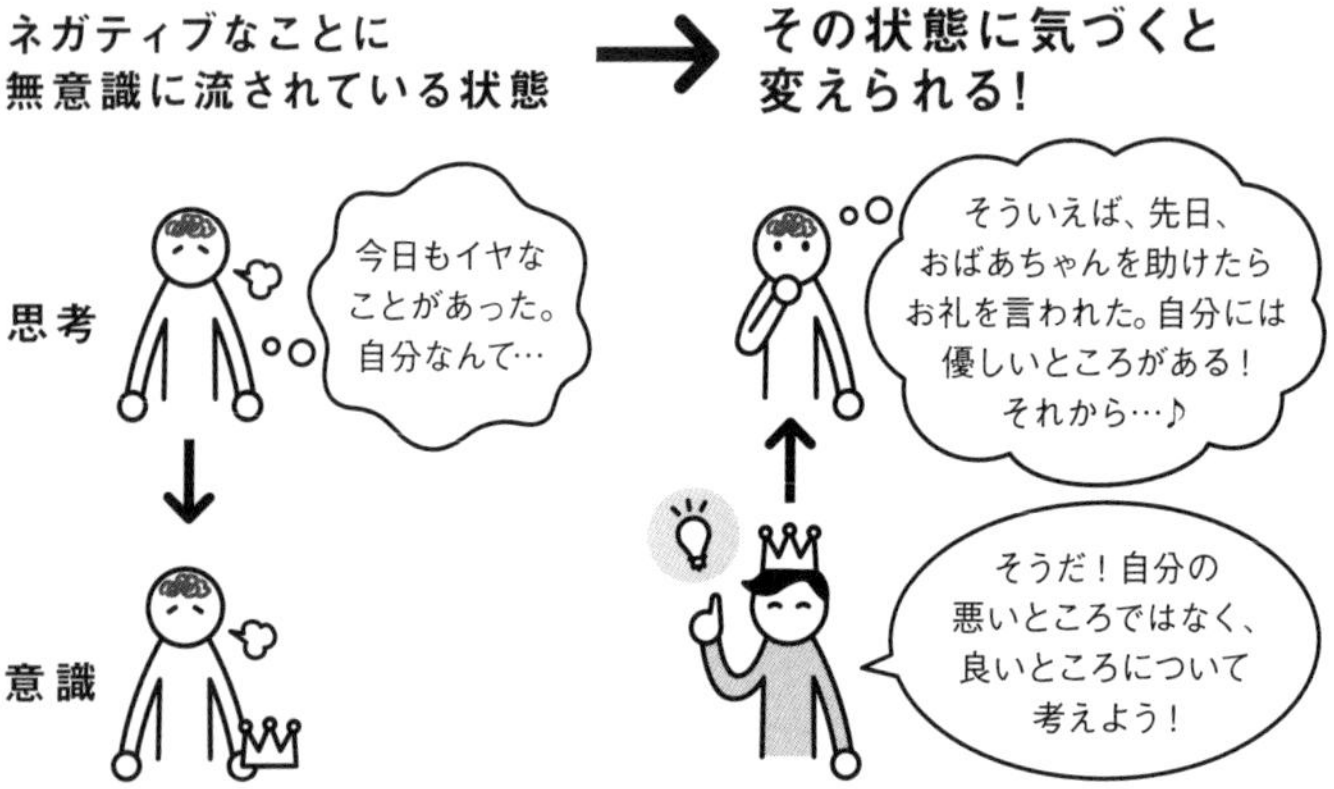
ネガティブなことに
無意識に流されている状態
その状態に気づくと
変えられる！
思考
意識
今日もイヤな
ことがあった。
自分なんて…
そういえば、先日、
おばあちゃんを助けたら
お礼を言われた。自分には
優しいところがある！
それから…♪
そうだ！自分の
悪いところではなく、
良いところについて
考えよう！

それをやめるべく意識的に前向きなことを考えるように切り替えることもあるでしょう。たとえば、あなたがスマホゲームについて思いをめぐらせていたとして、「これは良くない」と思って、「どうすれば将来成功できるかを考えよう」と切り替えるなどです。この場合は**〝意識←思考〟**を**〝意識→思考〟**へと切り替えたことになります。

これは「無意識的に流される意識」から「主体的に選択できる意識」への切り替えを簡単に表現したものです。

58ページでも紹介しましたが、思考は感情を動かし、感情は身体反応と連動します。つまり、「あなた（意識）が考える内容」が〝**意識→思考→感情→身体**〟へと連鎖していくのです。よって、〝**意識←思考**〟であるか〝**意識→思考**〟であるかの違いは、思考だけでなく感情、身体とすべての領域へ影響を与えます。

「王様（司令塔）」の役割は「考える内容を選択すること」

あなた（王様）の役割のひとつは「**方向性を決めること**」だとお伝えしました。そして、方向性を決めるとは「**思考内容（テーマ）を選択すること**」です。

これは、意識的か無意識的かは別として、あなたがふだん行っていることなのですが、ここであらためて確認しておきましょう。

たとえば、試験勉強をしている時などに、好きな異性のことが頭から離れなくなったことはありませんか？　次の日にテストがある場合、恋人のことにうつつを抜かしているわけにはいかないので、このような想念（雑念）から、目の前の勉強に意識を切り替えようとするでしょう。このように、頭の中で考えるテーマを切り替えることは頻繁に行っているのです。

これは、「**気持ちを切り替える**」などと呼ばれていることと同じことです。

図19：切り替えられる場合、切り替えられない場合

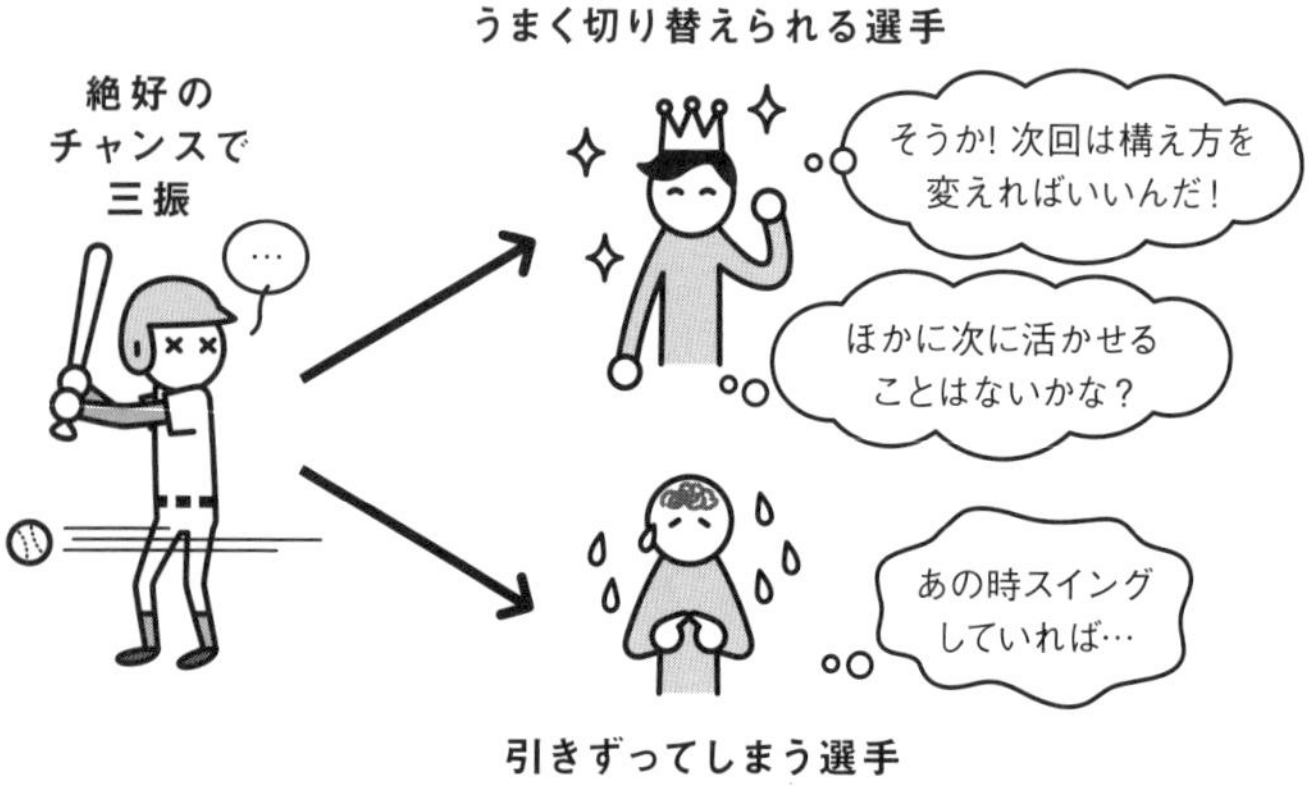
うまく切り替えられる選手
絶好の
チャンスで
三振
…
そうか! 次回は構え方を
変えればいいんだ!
ほかに次に活かせる
ことはないかな?
あの時スイング
していれば…
引きずってしまう選手

たとえば、野球選手が絶好の機会で三振をしてしまったとします。このような状況でも引きずってしまう選手と引きずらない選手がいます。両者の頭の中はどうなっているでしょう？

引きずってしまう選手は、頭の中に、三振した時の映像や「あの時どうしてスイングしなかったんだ？」などの言葉がうずまいていることでしょう。これは、頭の中に能力を制限する思考内容があるということになります。

一方で、うまく切り替えることができた選手の頭の中には、もっと前向きな別の思考内容があると推測できます。

「頭の中の映像」を差し替える

スポーツでも勉強でも、能力はあるのに発揮できなくて失敗する人は案外多いものです。能力を発揮できない大きな理由は、頭の中が否定的な思考内容で毒されてしまっていることにあります。

よって、**思考内容の切り替えができるようになれば、何を行うにも成功率がぐっと高まります。**

スポーツの試合や大事な試験などで「気持ちを切り替えろ」などのアドバイスをされたことがあるかもしれません。しかし、このアドバイスでは漠然としていて何をどうすればいいかがわかりません。

同じ状況でも**「頭の中の映像（イメージ）を別のものに差し替えろ」**だったらどうでしょう？　これはやるべきことが具体的だからできるはずです。

ちなみに、頭の中の映像もまた思考内容のことです。後のページで説明しますが、思考内容を切り替える際、頭の中のイメージ（映像）を変えると容易に切り替わります。

思考内容を切り替える①

無意識による「自動運転」のメカニズム

失恋をして落ち込んでいる時には、暗い想念（思考内容）が頭の中にあります。そんな時には、自分を責めたり、相手を責めたりするような否定的な考えが次から次へと自動的に（無意識的に）浮かんでくるでしょう。そもそも、こんなことを考え続けるのは苦しいことですが、これらは「あなた（意識）」が自発的に考えているのではなく、「部下（無意識）」に考えさせられているのです。

ここからわかることは、**頭の中の「考え」は、ある思考内容（この場合は失恋）にそって自動運転する**ものだということです。これをフローにすると、次のようになります。

思考内容（テーマ）→思考の自動運転

「失恋」というテーマ（頭の中の思考内容）にそって思考機能が自動運転を始めたら、それに伴って、怒りや悲しみ（感情）が増幅していくでしょう。また、怒りや悲しみが増幅したら、食欲がなくなったり、姿勢が悪くなったり、顔色も悪くなったりと、身体にも影響が及ぶことがあるでしょう。

怒りや悲しみ（感情）は、思考内容にそって自動的にわきあがってきますし、怒りや悲しみの感情に呼応して、食欲も自動的になくなっていきます。

これは、次のような構図で表すことができます。

思考内容（テーマ）→思考の自動運転→感情の自動運転→身体の自動運転

「思考内容（テーマ）」を切り替える最初のステップ

121ページに「思考内容（テーマ）」を切り替えることによって、思考、感情、身体のすべてが切り替わる様子を描いています。

このフローを表すと、次のようになります。


思考内容（テーマ）の切り替え→思考の切り替え→感情の切り替え→身体反応の切り替え

先ほど、スマホゲームの代わりに「どうすれば将来成功できるかを考える」という例を挙げたのを覚えていますか？

「将来の成功」へと「思考内容（テーマ）の切り替え」を行うには、頭の中の映像（イメージ）を切り替えるのが役立ちます。

イメージは人間に大きな影響を与えます（詳しくは第4章でお伝えします）。ですから多くの人にとっては、**「思考内容（テーマ）の切り替え」の第一歩として、「頭の中の映像（イメージ）」の切り替えを行うと効果的**なのです。

この場合、頭の中の映像（イメージ）を「スマホゲームの映像」から「未来において成功している自分自身の映像」に切り替えることになります。

「思考内容（テーマ）」と無意識の働き

ここまで「思考内容（テーマ）の切り替え」についてお伝えしてきましたが、当たり前のことのように感じている方もいるかもしれません。なぜなら、ここまでにご紹介してきたことは、毎日誰もが体験していることだからです。

というのも、**「思考内容（テーマ）の切り替え」もまた、多くの場合は「部下たち（無意識）」が行っている**ことだからです。

朝起きて、これから新しい一日が始まろうとする時、その日の計画を立てようとする方は多いことでしょう。その際、一日の計画という「思考内容（テーマ）」にそって、さまざまな考えをめぐらせているうちに、いつのまにか考える「テーマ（思考内容）」が、別のもの（たとえば、前日の失敗について）にすり替わっていることがあるかもしれません。テーマがすり替わっていたと気づくたびに、元々考えようとしていたテーマ（この場合は一日の計画を立てること）に戻すことでしょう。

このように、最初は、

意識的な思考内容（テーマ）の選択→思考の自動運転

から始めていても、油断すると、

無意識的な思考内容（テーマ）の選択→思考の自動運転

このように流れてしまう傾向があります。「部下たち（無意識）」によって思考内容（テーマ）が変えられてしまっているというわけです。

これは、無意識の思考のクセと関係があります。**無意識は考えを連想させる傾向があります。**

73ページでご紹介した考える訓練を思い出してみてください。ホッチキスのことを考えようと決めても、いつのまにかタイに旅行に出かけた時のことを考えていた、という失敗例を紹介しましたね。「ホッチキスはどこでつくられたのか」と自問しているうちに、「このホッチキスは東南アジアでつくられたのかな」→

図20：意識の役割とは？

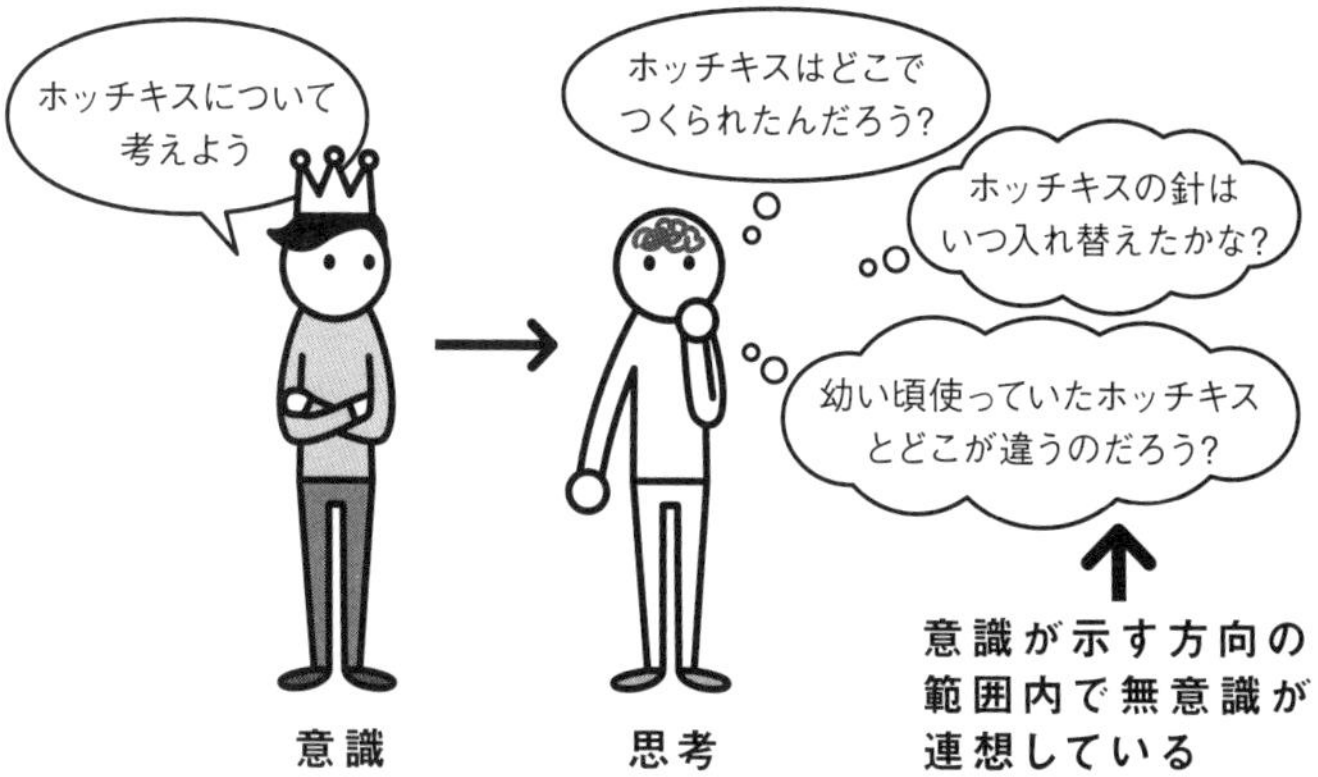
ホッチキスについて
考えよう
ホッチキスはどこで
つくられたんだろう?
ホッチキスの針は
いつ入れ替えたかな?
幼い頃使っていたホッチキス
とどこが違うのだろう?
意識が示す方向の
範囲内で無意識が
連想している
意識
思考

「タイかな」→「タイ旅行は楽しかったな」→「バンコクのタイ料理はおいしかったな」などと、流れていくのが**連想**です。連想とは、あるイメージがあると、次にそれに関連するイメージが想起されるということです。ですから、**無意識に任せると、どんどん連想が進んでいくの**です。

よって、王様（意識）は、**「方向性を決めること」**に加えて**「部下（無意識）の監視」**が必要です。「部下の監視」とは、**「部下（無意識）」がムダな連想をしていないかを時々チェックする**ことです。

もちろん、あなたが考えたいテーマの範囲内で、無意識がさまざまな過去の記憶から連想してくれるのは、思考が活発に働いてくれていることになるので役に立ちます。要するに、連想がダメなのではなく、**連想が役に立っているかどうかをあなた（王様）が判断する**ということです。

ここまで本書を読んでいただいて、習慣に限らず、**何かを変えるとは、「無意識（部下たち）」が行ってきたのと同じことを、意識的に行うこと**だとわかっていただけることでしょう。

ここまで解説してきたことは、無意識的には行ってきていたことばかりなので、まったくわからないという方はいないでしょう。ただし、「あなた（意識）」が主導権を握って、新たな習慣をつくるには、これまで「無意識（部下たち）」がどのようにして習慣をつくってきたのかというプロセスを知らなければなりません。ふだんの私たちはあまりにも無意識的に生きているので、このプロセスを知らないのです。そこで、本書ではここまでくり返し、「無意識（部下たち）」があなたの王国をどのようにつくり、運営してきたのかを説明してきましたが、もう少しこのプロセスをのぞいていきましょう。

思考内容の選択をすることによる変化を体験する

さて、「思考内容（テーマ）の切り替え」自体はとても簡単なことなので、ここで簡単に練習してみましょう。118ページのワーク7をご覧ください。

❶に関しては、「将来に対する不安」「ある過去の出来事に対する後悔」「ゲームなど楽しい気晴らし」など、あなたの頭を占有してしまう思考内容があるはずです。少なくとも3つは考えてください。ここではまだこれらの思考内容に集中することなく、どんなものがあるかを調べるだけです。

❷に関して、「これに意識を向ければ時間を有効に使ったことになると思えるようなこと」とは、「夢をどのように実現するのかを考えること」「趣味がどうすればもっと上達するかを考えること」などです。

ここでは、「有意義なこと」だけでなく、**「ある程度は楽しい（あるいは「前向き」）とも思えること」**を選択してください。その理由は、「楽しい」あるいは「前向き」と感じられるものでないと、新たに選択する思考内容に集中できない場合があるからです。たとえば、「苦手科目の勉強」を新たに選択することは、

WORK 07

思考内容を意識的に選択する練習

❶いつもはまってしまって時間を浪費してしまう空想(思考内容)をいくつか書き出します

❷「これに意識を向ければ時間を有効に使ったことになると思えるようなこと」をリストアップします

＊有意義なことだけでなく、ある程度は楽しいとも思えることを選択してください

❸❶で考えた思考内容をひとつ選んで集中します。十分な感情がわきでるまでしばらく体験します(1〜3分ほど)

＊苦しい感情、楽しい感情どちらでもかまわないので、とにかく感情に乗っ取られている(流されて白昼夢、あるいは悪夢を見ている状態)を再現します

＊まずは軽めのテーマを選びます(強い感情を喚起するような思考内容の場合、上達しないと切り替えられない場合があるため)

❹「あなたは王様であり、あなたが決めた方向に部下(思考、感情、身体)は進んでいくこと」を思い出してください。そして、思考内容の切り替えを行います。❷で考えたことへと切り替えます。「思考内容」が変わることによって、「思考(考える内容)」が変わり、感情が変わり、身体反応が変わるのを観察します

時間を有効に使うことになるでしょう。しかし、そもそも勉強が大嫌いな人がこの想念に集中するのは難しいことです。そこで、「有意義なだけでなく、ある程度は楽しいとも思えること」に関する思考内容を探してください。

「有意義なだけでなく、ある程度楽しいとも思えること」も少なくとも3つ考えます。ここでも想念に集中することなく、どんなものがあるかを調べるだけです。

❹はあらためて47ページの図を見て、「あなた（意識）」の方向づけにそって、「思考→感情→身体反応」がついてくるのを確認してください。思考内容の切り替えも、自分が王様であることを意識して、意識的に選択します。

思考内容を切り替える②

思考内容にはレベルがある

118ページで体験してもらった思考内容の切り替えは、同じレベル間での切り替えであるか、異なったレベル間での切り替えであるかは問いませんでした。たとえば、頭の中にある思考内容を「ゲーム」から「好きな食べ物」に切り替えたとします。どちらも娯楽に関するものですね。よって、同じレベル間での思考内容の移動となります。

ただし、異なったレベルの思考内容への切り替えもできます。たとえば、「ゲーム」から「成長したい分野の活動」に切り替えるなどです。成長したい分野は、デザイン技術の向上やスポーツなど、人によってさまざまでしょう。

図21：思考内容のレベルとエネルギーの違い

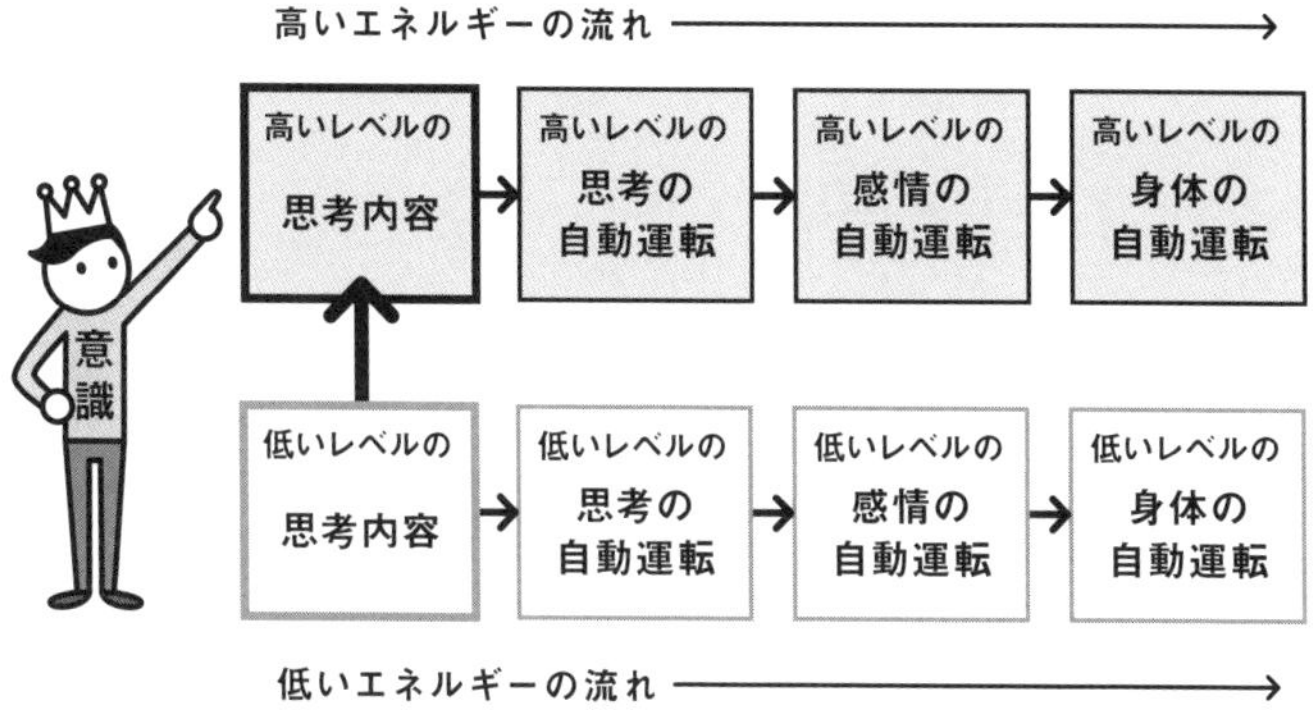
高いエネルギーの流れ
高いレベルの
思考内容
高いレベルの
思考の
自動運転
高いレベルの
感情の
自動運転
高いレベルの
身体の
自動運転
意識
低いレベルの
思考内容
低いレベルの
思考の
自動運転
低いレベルの
感情の
自動運転
低いレベルの
身体の
自動運転
低いエネルギーの流れ

図21をご覧ください。

思考内容のレベルが変わることによって、思考・感情・身体すべてのエネルギーが変わっているのがわかるでしょう。

下世話な話ですが、エッチなことを想像すると（想念を思い浮かべると）、感情は性的な興奮状態になるでしょう。それに伴い身体的反応も連動します。

その後、想念をあなたの夢や目標の実現に切り替えたら、まったく違う質の感情と身体の反応へと変わるのです。

どのエネルギーで過ごすかによって生き方に違いが出る

怒りや妬みのようなネガティブな考えや感情とともにいる時と、前向きな考えや感情でいる時では、身体に生じる感覚が違うのではないでしょうか？

前者は陰鬱でザラザラした感じがあるかもしれません。このような感じがある時には視野が狭くなります。最悪の場合、まわりのものを破壊したいという衝動に駆られることすらあります。

一方、後者は快活ですがすがしく感じるでしょう。そして、視野が広く余裕があり、起こってくる出来事を冷静に受け入れられます。

実は、**どのエネルギーで生きているかによって、頭の中で浮かべやすい想念の質が決まります**。前者のような粗雑なエネルギーで生きている時には、**否定的な想念**ばかりがわいてくることになりますが、後者のような前向きなエネルギーで生きている時には、**前向きなアイデアや創造的な解決策**が浮かびやすくなります。

エネルギーの質を変えるには?

ストレスを感じている時など、粗いエネルギーで生きている時には、不思議と身体に悪いものを食べたくなるものです。ジャンクフードを食べたくなるのも、悲観的になっている時や、ストレスを感じている時などでしょう。お酒を飲んだり、タバコを吸いたくなったりするのも粗いエネルギーを身にまとっている時です。

逆に、高質なエネルギーで生きている時は、過食することなく、新鮮な野菜など身体に良いものを欲する傾向があります。

自然界には**「波長が同じものは引き付け合う」**という法則があります。大自然の一員である人間も、同質のものを好む傾向があるのです。

思考内容のレベルを変えるワーク

ここまで見てきたように、身にまとうエネルギーの質によって、頭の中の想念の傾向から、好むものの傾向までが影響を受けます。**思考内容のレベルを変えることが身にまとうエネルギーを切り替えるスイッチの役割があるとしたら、**ものすごく大事なことだということがわかるでしょう。

ここでは、「思考内容のレベル」を変える練習をしてみましょう（ワーク8）。行うことは118ページで練習した「思考内容の選択」と同じです。ただ、ここではレベルを変えることによるエネルギーの変質を感じてもらいます。

❶に関して、118ページで考えていただいた例を参考にしてみてください。

❷は、やはり有意義なことだけでなく、「やってみたい」と思えることを選択します。レベルが変わるようなことでも嫌悪感が強い場合は切り替えられません。これも少なくとも3つは考えてください。ここでは、これらの想念に集中することなく、どんなものがあるかを調べるだけで十分です。

WORK 08

思考内容のレベルを意識的に変える練習

❶118ページで出したいつもはまってしまって時間を浪費してしまう空想（思考内容）をもう一度確認します

❷「これに意識を向ければ時間を有効に使ったことになると思えるようなこと」をリストアップします

＊ここではあえて**レベルが変わる思考内容**を意識的に選択します

❸❶で考えた思考内容をひとつ選んで集中し、十分な感情がわくまでしばらく体験します（1〜3分ほど）

＊苦しい感情、楽しい感情どちらでもいいので、感情に乗っ取られている（流されて白昼夢、あるいは悪夢を見ている）状態を再現します

❹「あなたは王様であり、あなたが決めた方向に部下（思考、感情、身体）は進んでいくこと」を思い出します。そして、思考内容のレベルの切り替えを行います。❷で考えていただいたことのいずれかを意識的に選択します。思考内容のレベルが変わることによって、「思考、感情、身体反応」のレベルが変わるのを観察します

＊エネルギーの質がどのように変わるかに意識を向けます

❸に関して、このトレーニングを始めたばかりの時は、軽めのテーマを選んでください。あまりにも強い感情を喚起してしまうような想念の場合、上達していないうちは切り替えられない場合があるからです。

❹に関して「エネルギーが変わる」と言っても、難しく考える必要はありません。多くの方は、思考内容が変わることによるエネルギーの変化は、身体的に感じられるものです。

たとえば、「身体が重かったのが、軽くなる」「身体がポカポカ暖かくなる」「すがすがしい気分になる」などです。エネルギーの質が上がった場合には「良い気分（感情）になる」「身体が心地良くなる」などの反応が多いです。

私たちはイメージしたとおりの人間になる

125ページのワークを活用すると、陰鬱な気分を感じて苦しんでいても、前向きな想念を選択することで、少なからず平静を取り戻せるでしょう。一方で、陰鬱な気分を感じている時、陰鬱な気分を引き出す考え（思考）と陰鬱な気分（感情）に意識を向け続けていると、陰鬱な気分がどんどん増幅してしまいます。

このように、意識を向けたものが強化されますが、ある対象に注目するのをやめれば、そこにエネルギーが供給されなくなるので、その対象は枯渇してしまうのです。もし、長く陰鬱な気分が続いているとしたら、あなたがそこに意識を向け続けているからです。

このように、あなたが何に注目するかによって、何を増幅させるか、何を枯渇させるかが決まります。本章の冒頭にも書いたように、まさに、「**人間は自分が考えた（イメージした）とおりの人間になる**」のです。

間違った習慣化をしないために大切なこと

習慣化の弊害を乗り越える

ここまでで、**意識を向けた対象が活性化されて、意識しないことは枯渇していく**ことについて理解が深まったことと思います。

お酒やたばこをやめるには、基本的には一切手をつけないようにすることだというのも、同じ理由です。もちろん、これら中毒性のあるものをやめるには特別な方法が必要です。搾取させようとする強力なシステムがあるからです。

さて、意識を向けた対象が活性化されて、意識しないことは枯渇していくという原理は、脳内プログラムや習慣だけでなく、思考、感情、身体などもっと大きなシステムにも当てはまります。身体機能は使わなければ退化し、使えば使うほど強靭になることは説明する必要もないでしょう。さらに、感情も思考も使わなければ劣化してしまうのです。

ここで、このテーマについて取り上げるのは、**間違った習慣化による弊害を予防する**ためです。

極まれにロボットのように無機質な人に出会うことがあるかもしれません。たとえば、幼い頃に感情的に大きな悲しみを感じ、苦しさのあまり感情を悪者にしてしまった場合、感情を使わずに生きるようになることがあります。感情によってひどく苦しんでしまうと、「感情＝危険」と公式化されてしまうことがあるのです。

このような理由で感情を使うことをやめて、思考ばかりを使い続けた人は、感情が鈍ってしまいます。思考も感情も身体も使えば使うほど機能が強化されますが、使わなければ退化してしまいます。

ロボットのような思考人間も偏っていますが、考えることが嫌いな感情人間も偏っています。考えること（思考）を怠っていると思考機能が鈍ってしまうのです。

思考人間は感情という共感機能が鈍っていますので、他人の気持ちを理解することが困難になります。一方、感情に偏った人は、共感し過ぎて自分自身を冷静にコントロールできず、ひどく生きづらさを感じることになります。思考はバランス感覚をつくり出す機能でもあるからです。

このように、**思考、感情どちらに偏っても、コミュニケーションがうまくとれずに苦しむことになる**のです。

こうした悩みを解決する方法は、とてもシンプルです。**意識を向けたものが強化されるということを応用すればいい**のです。

感情が鈍っている人は、どんな気持ちを感じているのかにくり返し意識を向けることによって、鋭敏さを取り戻すことができます。逆に、あまり考えない人は、少し難しい本を読むなど思考を使うようにしたほうが良いでしょう。

思考や感情を意識的に使うことによって、それぞれの機能は強くなります。まさに筋肉は使えば強くなり、使わなければ衰えるのと同じ原理なのです。

新しい習慣を身につけるなど、自分をつくり変えるとは、「意識（王様）」から「思考（手綱）」を使って「感情（馬）」と「身体（馬車）」をコントロールすることです。私たちは、良い意味でも、悪い意味でも感情に動かされることが多いので、ほとんどの場合、**「コントロールする」**とは、**「思考で感情を統御すること」**を意味します。

しかし、これをやり過ぎると感情を抑圧してしまうことになる、というリスクがあります。実際、自己啓発に関心が高い人の中には、あらゆることをコントロールしてしまい、ロボットのように無機質な人間になっている場合があります。**感情に偏っても、思考に偏っても苦しむことになる**というのは、想像できることでしょう。

もっとも安定している状態は、思考と感情のバランスがとれた状態です。

この2つの機能は、どちらかが際立っている時には対立しますが、バランスがとれている時には調和して協力し合うのです。「思考と感情のバランス」は、「右脳、左脳のバランス」「男性性、女性性のバランス」などと同じです。

以下のページでは、偏った習慣化の弊害を避けるための「意識の向け方」について、補足しておきましょう。

思考・感情・身体は、表現することを求めている

個々の脳内プログラムだけでなく、思考も感情も身体も、あなた（王様）の大切な部下だと伝えてきました。

46ページでお伝えした例を用いると、身体では「暑い（不快）」とシグナルをあなたに送ります。その時、同時に感情は「好き・嫌い」で「冷房をつけたい」と感じるかもしれません。しかし、あなたは「身体に悪い」という理由で冷房をつけることを控えるかもしれません。

この場合、身体、感情、「あなた（意識）」は別々の意識をもっています。多重人格でなくても、誰の中にもさまざまな意識があるのです。

そして、あなたの部下たちは、それぞれに成長を望んでいます。**感情も思考も成長を望んでいるし、身体もまた同様に成長を望んでいる**ということです。

彼らの成長は、彼らにとっての**自己表現**によってなされます。

図22：部下たちの反乱を防ぐには？

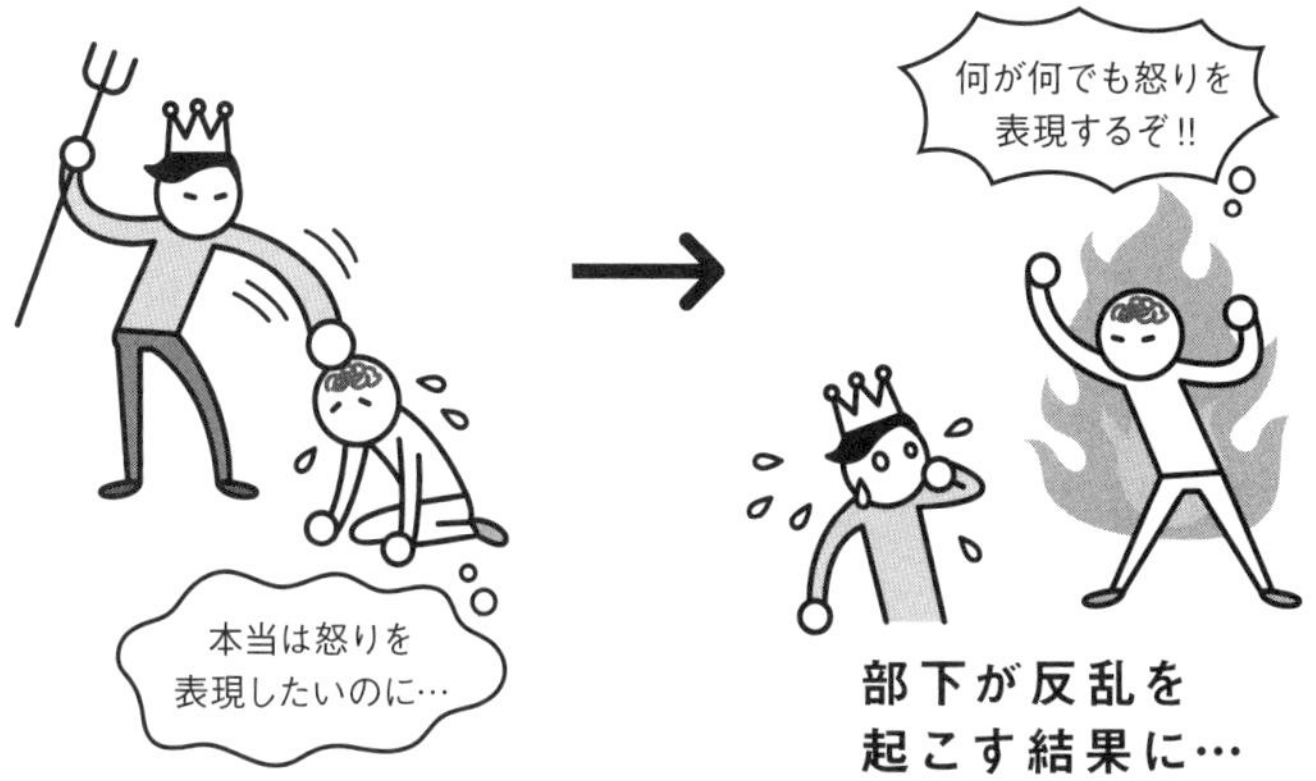
本当は怒りを
表現したいのに…
何が何でも怒りを
表現するぞ!!
部下が反乱を
起こす結果に…

ここまで、くり返し「王様（意識）」と「部下（無意識）」のたとえを使ってきました。

あなたが王様でも、「部下たち（無意識）」が大切にしている習慣（システム）をムリやり変えてしまうと（抑圧してしまうと）、部下たちが反乱を起こして元に戻ってしまいます。

ダイエットのリバウンドは、これにあたると言えます。

あなたも、自分の感情を理性的に抑圧することがあるでしょう。

たとえば、あなたに小さなお子さんがいたとします。子どもが、無知からとんでもないことをしでかしたとしても、「怒りをぶつけてはいけない」という理由で、できる限り穏やかにたしなめるかもしれません。これは、自分の怒りの表現を抑圧した（ガマンした）ことになりますね。この場合、「感情（部下）」は表現する機会を逸したことになります。このようなケースが何度も続くと、理性では抑えられなくなり、怒りを爆発させてしまうことがしばしばあります。

ストレスが溜まっている時、小さなきっかけで怒りが爆発したという経験がある方は多いかもしれません。

怒りを抑えられないのは、部下たちが反乱を起こしているからです。この場合、「部下たち（無意識）」の強力な力で、「あなた（王様）」が流されているのです。

多くの習慣化に関する本には、賢明にも、「習慣を変えるのはひとつずつ、しかも小さな習慣から」と書かれています。大きく変え過ぎると、バランスを崩して、元に戻ってしまうからです。

そこで、「部下たち（無意識）」にムリなく新たな習慣づくりを手伝ってもらうためのコツについて、もう少し詳しく考えていきましょう。

ムリなく無意識と共存する

無意識は、ポジティブ／ネガティブどちらでも成長する

私たちは自分を抑圧してストレスを抱えている時、誰かに怒りをぶつけるなど、誰かに当たってしまうことがあります。誰かに当たるとスッキリするでしょう。しかし、誰かに当たった後、反省することも多いのでは？

反省してみると、「当たりたくて当たったのではなくて、自分を抑えられなくて、流されてしまった」ということがわかるでしょう。

これは、**部下たちの反乱**、つまり**無意識に流された**ということです。

とくに罪もない人に当たってしまったとすれば、日頃あなたが築いてきた評判を落とすことになりかねません。これは、「あなた（王様）」にとっては都合の悪

いことです。しかし、実は「部下（無意識）」にとっては、大事な体験なのです。

感情は怒ることによって、しっかり自己表現したことになるからです。

ここで大切なことをお伝えします。

「部下たち（無意識）」にとって成長のための表現は、ポジティブ／ネガティブどちらでも等しく効果があるのです。

当たる（怒鳴り散らす）とまわりが傷つきますが、あなたが喜ぶ時はまわりに良い影響を与えることもあるでしょう。あなたが幼い頃、あなたが喜んでいる姿を見て、お父さん、お母さんは癒されたのではないでしょうか。

前者は、「あなた（王様）」にとっては評判を落としてしまうネガティブな感情表現です。それに対して後者は、「あなた（王様）」の好感度を上げるポジティブな表現ですね。これらの感情の質はだいぶ違いますが、感情が成長するという観点では同じなのです。

実際、私たちは、幼い頃から良い感情、悪い感情を問わず、表現することによって、感情を育ててきたのです。ですから、ネガティブな感情を表現することもまた、部下の立場（感情の立場）から見たら成長なのです。

思考も感情も、そして身体も大切な部下なので、王様であるあなたは、それぞれに表現の機会を与えて育てていく責任があるのです。

ただし、その際に、上手に**「あなた（王様）」にとってもメリットのある表現をさせてあげる**ことを心がけたほうが良いでしょう。

否定的なエネルギーを肯定的なエネルギーに転換する

いきなりですが、自分自身に対するネガティブな思いがポジティブな行動に結びついたことはありませんか？

私の例をお伝えすると、高校生の頃の私は、部活も勉強も恋愛も中途半端で、自分自身に不甲斐なさを抱いていました。16歳から18歳までというとても大切な時期をムダにしてしまったという後悔がありました。当時感じていたのは、「こんな自分はイヤだ」という自己否定の感情です。

自分自身にほとほと嫌気がさした時、「自分を変えよう」と強く決意しました。

まずは、自分のイメージを変えたくて、難しい大学に入ることを目標にしました。自分自身に対する不満の気持ちをモチベーションに変えたのです。そこから、猛烈に勉強しました。一年浪人していますが、その期間は毎日12時間くらい勉強していました。本気で受験勉強をした約1年半の間に1・5あった視力が0・05になってしまったほどです。「はじめに」で書いたとおり、志望した大学には行けなかったのですが、目標に向かって挑戦することはできました。

その後の私の人生を顧みた時に、これはとても重要な体験となりました。

と言うより、「この体験がなければ、その後の自分はどうなっていたんだろう」と心配になるほどです。当時の私はとてもおっとりとした人間で、何に対しても消極的だったからです。今では2つの会社を経営するなど、主体的に自分の人生を切り開いてきましたが、その資質は、**「何が何でも大学に合格して人生を変えよう」と力強く生きた日々によって培われた**と言っても過言ではありません。

このように、私は、大学受験で生きていくために必要な資質を磨きましたが、**動機は自分自身に対する不満、つまり自己に対する怒りの感情だった**のです。

「自己否定」「怒り」と聞くと、とてもネガティブなイメージがありますね。もちろん、このような否定的な感情に流されて自暴自棄になってしまう人もいるでしょう。その場合は、その否定的な感情によって被害を受けることになります。しかし、**同じ否定的な感情でも、それを肯定的な行動の原動力に変えることができる**のです。これが**昇華**ですね。

すでにご紹介した、オペラに没頭することによりゲーム依存を克服された方のように、「遊びたい」という欲求を成長（昇華）させることができるのです。

実はどなたも、幼児から子どもへ、子どもから青年へ、青年から大人へと立場を変えるたびに、欲求を昇華させてきました。

幼児の頃は、りかちゃん人形で遊びますが、子どもになると遊園地で遊びます。青年になると恋人とデートをすることに夢中になり、大人になると仕事で自己実現をすることが生きがいになるかもしれません。ただし、これらは、自分だけで昇華したのではなく、環境が変わることによって、「部下たち（無意識）」がそれに合わせるために昇華させたのです。ですから、あなたもいつのまにか（無意識的に）、りかちゃん人形への情熱を失ったのです。

これはつまり、**あなたにはすでに昇華の成功体験がたくさんある**ということです。ですから、**どなたも自分の欲求を昇華させる能力がある**のです。

116ページで、「習慣に限らず、何かを変えるとは、無意識（部下たち）が行ってきたのと同じことを、意識的に行うこと」とお伝えしました。

昇華も同じです。昇華もまた、これまでは「部下たち（無意識）」が行ってくれましたが、今度は**「あなた（意識）」が意識的に行う**のです。

このような意味で、「あなた（意識）」は「部下たち（無意識）」がどのようにあなたを成長させてきたかを見て、自分自身を成長させる方法を学ぶことができるのです。

ムリなく「部下（無意識）」と共存していけるシステムをつくる

昇華は121ページの図で説明した、**粗雑なエネルギーを高質なエネルギーに転換する方法**でもあります。怒りも、理想的な目的を実現するためのエネルギーとして活用する時に、質感が変わります。

私は、今でも自分に対する至らなさをしばしば感じることがあります。でも、その気持ちに打ちのめされることなく、「あんなことがあったからこそ良い人間になろう」と誓いを立てます。すると、正しく誠実に生きようと、力がわいてく

図23：「昇華」とは？

否定的な感情 → **肯定的な行動へと変える**

このまま
人生を終える
なんて絶対に
イヤだ・・・
絶対に
○○大学に
合格して人生を
変えるぞ!

昇華の例（趣味編）

ゲームの攻略本を読んで研究する → 部下のマネジメントを研究する

戦記もののマンガが好き → 歴史小説を読むようにする

るのを感じるのです。主観的ですが、自分をダメにするエネルギーの流れが、自分を進化させるエネルギーの流れに逆流するような感覚を覚えるのです。

118ページでは、思考内容を別のものに変えることによって思考・感情・身体を変化させました。これは昇華させたのではありません。昇華とは、**否定的な想念があるのであれば、それをそのままにしてそのエネルギーに肯定的なはけ口を与えてあげる**のです。不良少年が怒りをボクシングにぶつけて世界チャンピオンになるようなものです。

昇華の具体的な方法については、第5章でご紹介していきます。

第4章

脳内プログラムを書き換える

「脳内プログラム」とはどういうものか

脳内プログラムが書き換えやすい状態、書き換えづらい状態

この章では、**「脳内プログラムの書き換え」の基礎**を学んでもらいます。それは、第5章で体験していただく、習慣化の方法を実践できるようにするためです。習慣も脳内プログラムの一部ですが役割が違います。そこで、この章では、「脳内プログラム」自体の特徴を理解してもらいやすくするために、いったん習慣という言葉を使うのを少なくします。「脳内プログラム」「習慣」——それぞれの言葉は、微妙にニュアンスが違うからです。

第1章〜第3章と読み進め、ワークを積み重ねてきたみなさんは、王様の役割である「古くなってしまった脳内プログラムの修正」を行うことができます。

脳内プログラムは「部下たち（無意識）」が自動的に運営しているものですから、「部下たち（無意識）」と同じレベルにいてはこれを変えることはできません。脳内プログラムをムリなく修正するには、68ページの図のように、「部下たち（無意識）」のレベルよりも一段高いレベルから実施する必要があります。

たとえば極端な勉強嫌いも、脳内プログラムがつくり出す症状です。この状態で、勉強を好きになろうと努力をしても、実際に好きになるのは難しいということがわかるでしょう。脳内プログラムは思考・感情・身体が連携して発動するものでしたね。勉強嫌いの場合、「勉強は難しい」という想念（思考内容）があり、それに反応する勉強についての嫌悪感（感情）、抵抗から退屈で眠くなってしまうなどの身体的な反応が生じるのでしょう。よって、脳内プログラムを修正する場合、「勉強が嫌い」という脳内プログラムから離脱して、思考・感情・身体のネガティブな影響を回避しつつ行う必要があります。それは〝**意識→思考**〟の方向の状態、つまり「**主体的に選択できる意識**」**から行う**ことです。

脳内プログラムの正体は「過去の記憶」

ここまで、脳内プログラムが極端な公式化をしてしまうことによる弊害についてお話してきました。犬恐怖症になったら「犬＝危険」という公式的な反応を引き出すものの見方しかできなくなるのでしたね。

ここからいよいよ脳内プログラムの正体を明らかにしていきたいと思います。

脳内プログラムをひと言で表現するとしたら、「**記憶**」です。

犬恐怖症になると、犬を見ると足がすくみ、身体が緊張して硬直してしまうでしょう。しかし、「犬に噛まれた体験の記憶」がなければこのような反応はないはずです。

犬に噛まれてから10年経っても犬が怖いのだとしたら、犬に噛まれた時の記憶が今でもこの反応を引き起こしていることになります。

これは、**犬を見る時に、過去の記憶を被せて見ている**ことになります。それを表したのが図24です。記憶を被せて犬を見るということは図24のように、記憶というフィルターをとおして犬を見ていることになります。

図24：私たちは記憶というフィルターをとおして物事を見ている

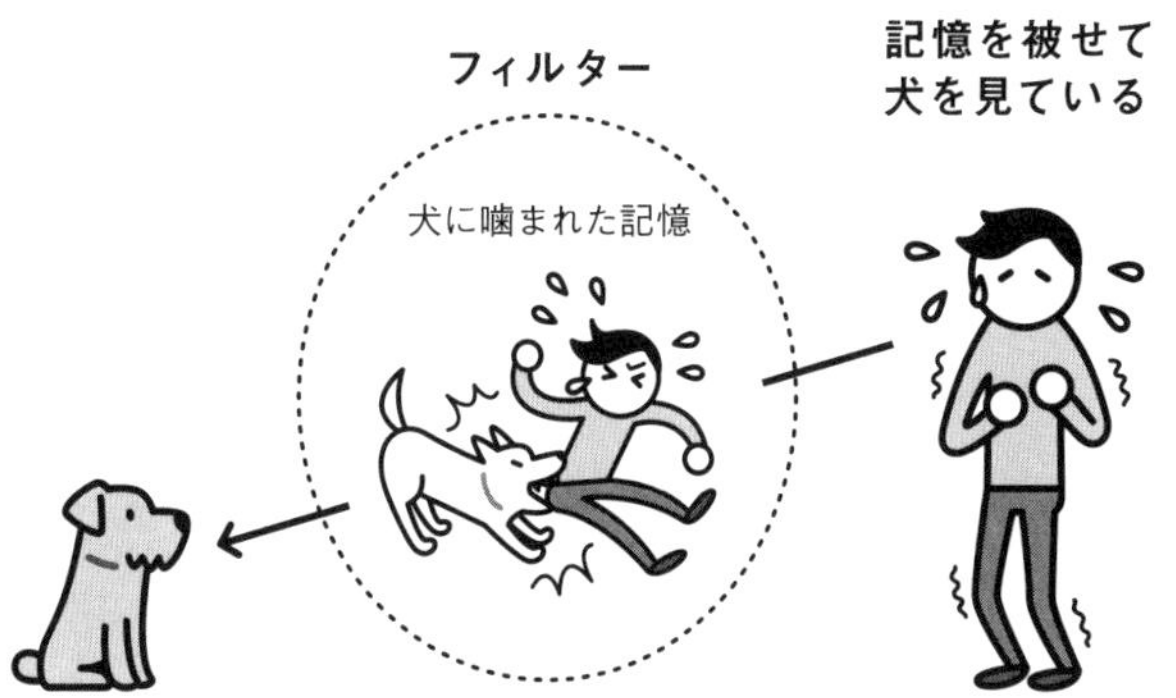

「無数の記憶」と「代表記憶」

生牡蠣を食べて食中毒を起こすと、牡蠣が食べられなくなってしまう場合がある、という例も前のページで触れましたね。

もしも、30歳まで牡蠣が大好物でたくさんの牡蠣をおいしく食べてきた人が、31歳の時に食中毒になって牡蠣が食べられなくなってしまったとします。この場合、この人の脳の中には、おいしく食べた牡蠣の記憶が無数にあるはずです。

ちなみに、人間の脳はパソコンのハードディスクのように、体験したことを全部保管しています。特殊な方法でなければば思い出せないこと――たとえばお腹の中の赤ちゃんの頃（出産前）の記憶など――すらも、脳は保持しているのです。

さて、たった一度食中毒を起こしただけで、牡蠣を食べられなくなったとしたら、牡蠣をおいしく食べた無数の記憶よりも、たった一回の食中毒を起こした時の記憶のほうが影響力をもっているということを意味します。

ここからわかることは、記憶には二種類あるということです。**「影響力のない無数の記憶」**と**「影響力のあるたったひとつの記憶」**です。

この本では影響力のない無数の記憶を**「千（1000）の記憶」**、影響力のあるたったひとつの記憶のことを**「代表記憶」**と呼ぶことにします。

ちなみに「千の記憶」の千という数字に意味があるわけではありません。これは「膨大な数」を表現している比喩だとお考えください。

それに対して、「代表記憶」とは無数の記憶を代表しているたったひとつの記憶のことです。そして、この「代表」とは、公式化と関係があります。

「脳内プログラム」＝「代表記憶」

さて、31歳で食中毒を起こした後には、どの牡蠣を見ても吐き気がしてしまうのだとすれば、牡蠣をネガティブにしか見られなくなっていることになります。

ここからわかることは、記憶が無数にあっても、フィルターに選ばれる記憶はひとつだということです。そして、この**たったひとつの記憶が物事の価値を代表しているの**です。

物事の価値を代表しているとしたら、それはX＝Yと公式化したということになります。ここでは**「牡蠣（X）＝まずい（Y）」**です。このように代表記憶は公式化と関係があるということがわかりますね。この人の中には、無数の牡蠣を食べた体験があり、さまざまな場所で、さまざまな味付けの牡蠣を食べたにもかかわらず、「牡蠣（X）＝まずい（Y）」と公式化されてしまっているのです。そして、この公式ができてしまうと、それ以後の人生で牡蠣を見ると、いつもこの公式どおりに反応してしまうことになります。

こうした代表記憶を私たちの日常言語に翻訳すると、**「印象」**と言い表すこと

図25：「千（1000）の記憶」と「代表記憶」

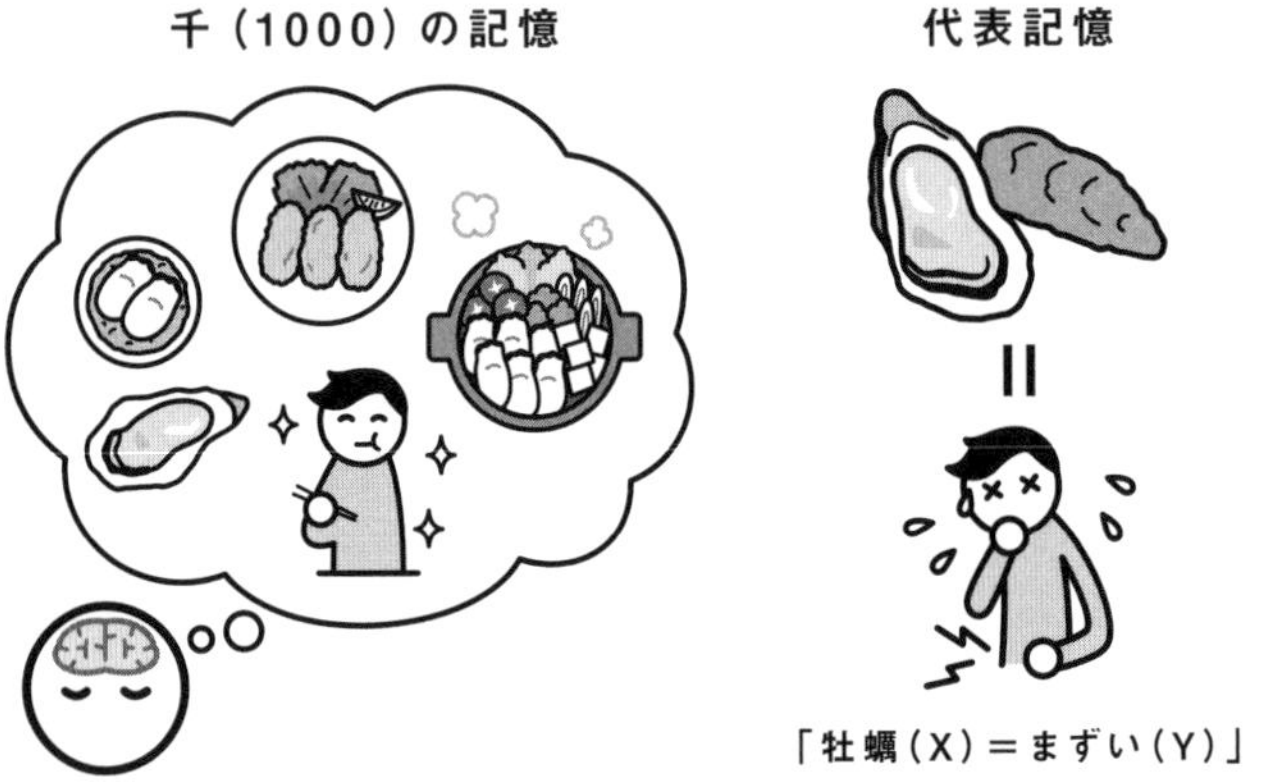

ができます。

たとえば、俳優や女優について「印象が良い」とか「印象が悪い」と表現することがありますよね。

本書を執筆している最中、有名な俳優と女優が不倫をしたことが話題になりました。その俳優（仮にAさんとします）はたくさんのCMに出演するほど好感度が高かったのですが、スキャンダルを経て一気に印象が悪くなりました。

それまで印象が良かったということは、代表記憶が良かった――「Aさんに関する千の記憶（無数の記憶）のうち良い記憶が代表記憶に選ばれていた」ことになります。しかし、とくに不倫は悪いものだと思っている人がこのスキャンダルを見たら、Aさんに関する代表記憶が書き換わってしまうでしょう。スキャンダルに大きなショックを受けた人ほど、代表記憶は大きく書き換わります。

これまでにもお伝えしていることですが、脳内プログラムは「インパクト（強度）」と「くり返しに（回数）」によってできます。「代表記憶＝脳内プログラム」なので、強烈な体験（この場合は大きなショック）があると書き換わります。

不倫スキャンダルの場合、Aさんの代表記憶が〝不倫をしている俳優〟という負のイメージに変わってしまいます。このように正反対の印象に書き換わった人がAさんを見たら、嫌悪感を抱くことになるでしょう。

擁護するわけではありませんが、Aさんにも優しい面、頼もしい面、明るい面、さわやかな面、律儀な面などさまざまな美点があります。どれもがAさんのイメージであるにもかかわらず、いったん代表記憶が悪いイメージに変わったら、「Aさん（X）＝不道徳（Y）」などと一様に公式的な反応をしてしまうことになります。

これが、印象が変わるということです。

言い換えると、これは**代表記憶が変わったことで起きた変化**なのです。

脳内プログラムを修正する

代表記憶を体験する

146ページで脳内プログラムは記憶だとお伝えしましたね。しかし、すべての記憶（千の記憶）ではなく、たったひとつの代表記憶が脳内プログラムになるのでした。これで少しばかり脳内プログラムの正体が明らかになったのではないかと思います。**何かを変えるには、手にとって触ることができるくらいに具体的にする必要がある**のです。

たとえば、「心臓が痛い」という症状だけでは、何をどうすれば良いかがわかりません。心臓の全体がどうなっていて、どの部分がどのような傷害を起こしているのかまでわかってはじめて、どうすれば治るかがわかります。

しかし、代表記憶という言葉もまだ抽象的でわかりづらいですね。代表記憶を書き換えるためには、代表記憶という言葉をさらに手にとって触れるものにしなければなりません。そこで、ここでは、あなたの中にある代表記憶を実際に見聞きして、触って（感じて）もらいます。

ここで代表記憶を明らかにする簡単な実験をします。

「富士山」を思い浮かべてもらえますか？
（実際に十秒程度富士山を思い浮かべてみてください）

おそらく、富士山は簡単に思い浮かべられたでしょう。

ただし、この本を読まれた方、それぞれに思い浮かべた映像は微妙に違っているはずです。当たり前ですが、あなたが思い浮かべたものは、あなたの富士山に関する記憶ですよね。そして、それぞれの人の富士山の記憶は少しずつ違っているので、思い浮かべた富士山の映像も違っていることがわかるでしょう。

たとえば、山梨県に住んでいる人と静岡県に住んでいる人では思い浮かべる富

図26：「千の記憶」が公式化されて「代表記憶」になる

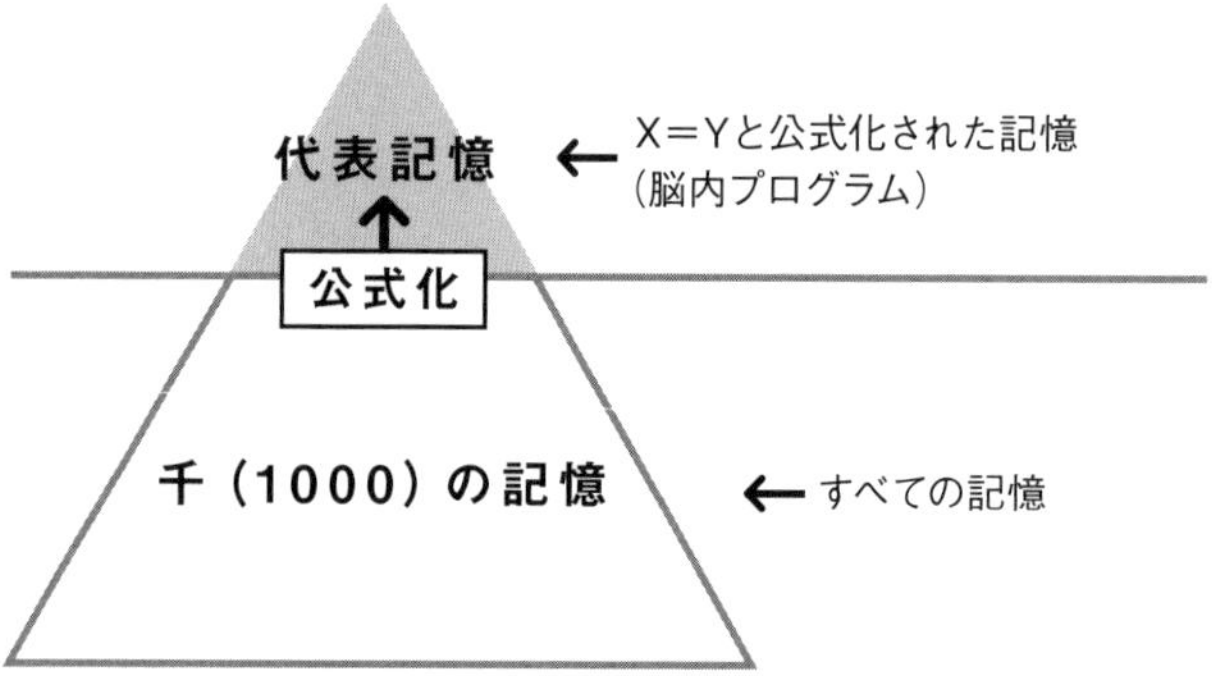
代表記憶
X＝Yと公式化された記憶
（脳内プログラム）
公式化
千（1000）の記憶
すべての記憶

士山の景色やそれにまつわる背景が違うはずです。富士山は有名なので、写真で見たという人も多いでしょう。

私は、東京・大阪間を月に3〜4回は新幹線で往復しますので、これまでに2000回以上は見ています。また、休暇で静岡や山梨に行ったことがあるので、さまざまな富士山の記憶が私の中にあります。ただし、「富士山を思い出してください」と言われれば、ほとんどの場合、ひとつの映像が頭に浮かびます。

ほとんどの方が、「富士山を思い浮かべてもらえますか？」と言われて富士山のことに意識を向けた時、反射的にひとつの映像が浮かんできたと思います。

その際、さまざまな富士山のうち「この富士山」を思い出そうと意識的に決めて出てきたのではなく、考える間もなく反射的に出てきたという方が大半だと思います。考える間もなく反射的に出てきたということは、無意識的と言えます。

このように、**私たちが何かを思い出そうとする時に、反射的（無意識的）に浮かぶ象徴的な記憶**があります。まずはこの記憶が「**代表記憶**」だとお考えください。

代表記憶の正体は、頭の中にある五感情報

先ほど、富士山を思い出してもらいました。これは頭の中にある記憶ですね。ほとんどの人にとっては、その記憶に映像（視覚情報）が伴っていたでしょう。また、たとえば新幹線の中から見た富士山を思い出した場合には、新幹線がレールの上を走る「ゴォー」という走行音（聴覚情報）も伴っていたかもしれません。そして、それを見た時の感激を身体に再現されたという人もいるかもしれません。これは身体感覚の情報ですね。

ここからわかることは、**記憶は頭の中にある五感情報**だということです。

そして、代表記憶も記憶なので、頭の中にある五感情報で構成されています。

先ほど富士山を思い出してもらう前に「ここではあなたの中にある代表記憶を実際に見聞きして、触って（感じて）もらいます」と書いたのを覚えていますか？

代表記憶は五感情報でつくられていますので、見て聞いて感じられるくらいに具体的にすることができるのです。

良い印象、悪い印象の違いとは？

代表記憶と印象はイコールの関係になるとお伝えしました（代表記憶＝印象）。ある俳優が不倫スキャンダルをきっかけに、良かった印象が悪くなったという例を紹介しましたね。俳優の印象が悪くなるということは、その俳優を見た時の反応が変わることです。

たとえば、あなたが好きな人を見た時、ほっこりとした幸福感を感じるかもしれません。一方、あなたにとって印象の悪い人を見た時には、嫌悪感を身体で抱くことになります。つまり、**印象の良し悪しは身体で感じる反応でわかります。**

では、良い悪いなど反応の質感の違いを引き起こす印象（代表記憶）の違いは何でしょうか？　印象（代表記憶）の違いをさらに具体的なものにすることによ

図27：「良い印象」と「悪い印象」

ってわかります。代表記憶は五感情報によってつくられていますので、**「良い印象＝良い五感情報」**で**「悪い印象＝悪い五感情報」**となります。

詳しくはあとで実験しますが、良い印象の五感情報は「明るく、カラー」などで、悪い印象の五感情報は「暗く、白黒」などで表現されていることが多いです。ここでは、**悪い印象には悪い印象を与える色や音が使われていることが多い、**そして、**色と音が印象に大きな影響を与えている、**と覚えておいてください。

「代表記憶の書き換え」＝「フィルターを変えること」

脳内プログラムはフィルターだとお伝えしましたね。脳内プログラム＝代表記憶なので、私たちは代表記憶をフィルターとして被せて外の世界を見ていることになります。

たとえば、犬恐怖症の人は、犬に噛まれた時の記憶をフィルターとして犬を見ているのです。それを具体的にすると147ページの図24になります。これは犬が怖いという先入観をもって犬を見ている状態です。

では、**「代表記憶を書き換える」**とはどういうものでしょうか？

わかりやすく説明すると、図28のように、**別の代表記憶（フィルター）を被せて犬を見る**ようなものです。

代表記憶は簡単に変わる

「こんな塗り絵のようなもので効果があがるのか？」と疑問に思う人もいるでしょう。しかし、実際にはこれができたら、印象、つまり代表記憶はガラリと変

図28：代表記憶の書き換え＝フィルターを変えること

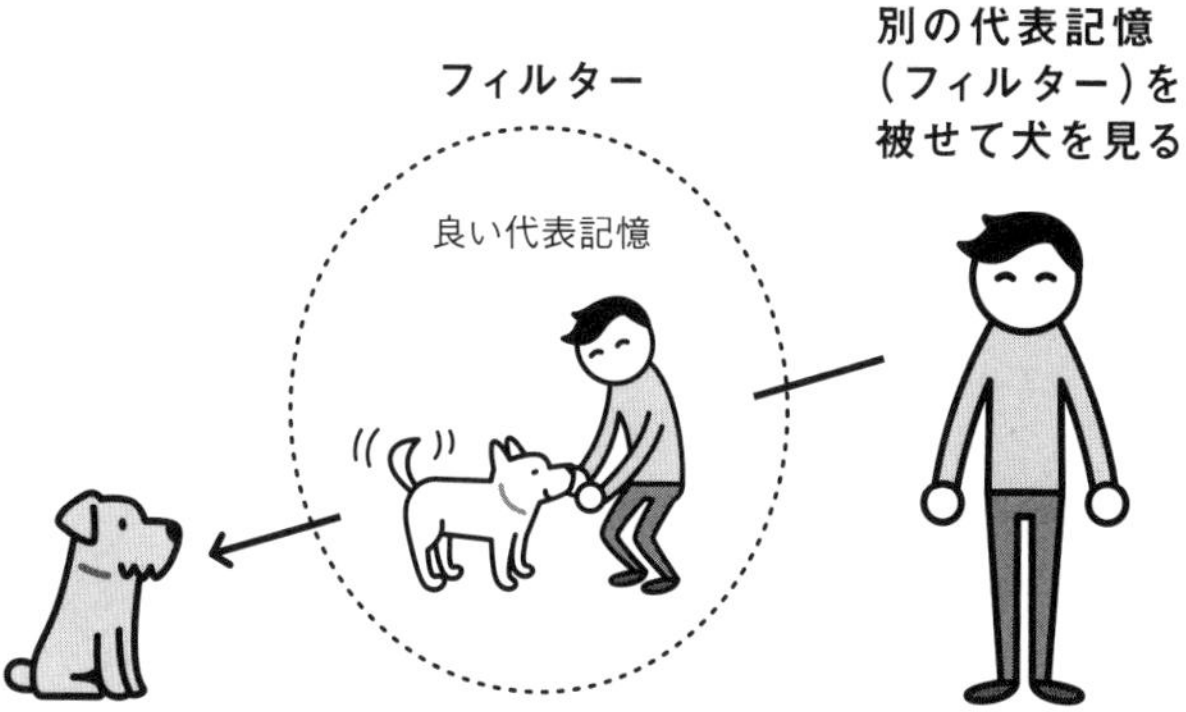

わります。ただ、そのためには次の2つの方法を知るが必要があります。

①代表記憶に気づく方法
②代表記憶を変える方法

「①代表記憶に気づく方法」は簡単です。富士山を思い出してもらったのがそれですね。

私たちは何に対しても、それを代表する（象徴する）イメージをもっています。「好きな俳優」「犬などの動物」、あるいは「勉強」や「仕事」など抽象的な概念に対してもです。そして、**これらに意識を向けた時に頭の中に浮かんでくるそれ**

を象徴するイメージが代表記憶です。

もちろん代表記憶をより明確なものにするためには、後のページでご紹介するいくつかのプロセスを加える必要があります。ただし、富士山を思い出すことが簡単だったように、代表記憶に気づくのも簡単です。また、代表記憶を書き換えることもまた簡単です。簡単に実験してみましょう。

「先ほど思い出していただいた富士山をピンク色に変えてみてください」

いいかがでしょう?

おそらく簡単にできたことと思います。

もちろん、ネガティブな脳内プログラムを書き換えるにはいくつかの手順を踏まなければなりませんが、ここでは「**代表記憶は頭の中のイメージに過ぎないので簡単に変えられる**」と思っておいてください。

続いて「②代表記憶を変える方法」について見ていく前に、無意識と記憶の特徴について、もう少し深く考えていきます。

「記憶」とは「イメージ」である

映画を見ることと、頭の中でイメージを見ることとの共通点

五感情報には「実物を見聞きする際の五感情報」もあります。目の前に犬がいたとすれば、それは目、耳、鼻、皮ふなどの器官を使って認識しますね。それに対して、代表記憶は頭の中にある五感情報だとお伝えしました。頭の中で見聞きすることは、映画を見る体験とほとんど同じです。

私たちが映画を見る時は、スクリーンに映った映像を見ますね。目の前には実物（三次元立体）があるわけではなくて、ペラペラのスクリーンに映った二次元平面のイメージを見ているに過ぎません。実際、映画館の後ろのほうにある映写機から発する光線がスクリーンに反射して、映像になっています。

図29：私たちは「イメージ」に影響を受けている

映画を見る
＝頭の中のイメージを見聞きしている（実物ではない）

思い出す
＝頭の中でイメージを見ている（実物ではない）

当たり前のことですが、映画は幻影です。しかし、私たちは映画を見て感動するし、身が切られるように苦しくなることもあります。しかも、意識（王様であるあなた）は、これが〝フィクション（虚構）〟であることに気づいています。それでも、私たちはしっかりと反応してしまうのです。

では、私たちが記憶を思い出すことはどうでしょう。これも、頭の中でイメージを見ているだけで、実物があるわけではないことがわかるでしょう。

映画と同様に、**頭の中にあるのは実物ではなく映像（イメージ）に過ぎません。**

しかし、やはり映画と同じように反応

しますね。犬恐怖症の人が、頭の中に犬を思い浮かべたら、緊張するでしょう。

私たちが「無意識（部下たち）」に流されてしまう理由

このように、映画も頭の中の映像も実物ではないということが理解できているにもかかわらず、実物を目の前にした時と同じ反応をするのは、**「無意識（部下たち）は現実とイメージの区別をつけられない」**という法則があるからです。

お腹が空いている時に焼き肉屋さんのCMを見ると、口の中に唾液が分泌されることがあるでしょう。この場合も、「あなた（意識）」は目の前に本物の焼き肉があるとは思っていません。しかし、身体は目の前に実物がある時と同じ反応をします。つまり、**「あなた（意識）」は嘘だということに気づいているにもかかわらず、「無意識（部下たち）」は本物だと思っている**ということです

映画やCMを見た時、意識では嘘だということに気づいているにもかかわらず、「あなた（意識）」はその幻想の世界に飲み込まれて現実のように感じてしまうことがあります。それは、圧倒的に「部下たち（無意識）」のほうが多いからだとお考えください。

第1章で、「あなた（意識）」は2万人の人たちが暮らす王国の王様だとお伝えしましたね。仮に、あなた（王様）が1人だけ嘘だと気づいていても、2万人が――つまり、目も耳も筋肉も皮膚も――本物だと錯覚したら、たった1人しかいない「あなた（意識）」は、それに飲み込まれて本物だと錯覚してしまうのです。

このように無意識が現実とイメージの区別がつけられない時には、あなたも同じようにイメージを現実だと思い込んでしまうのです。これもまた無意識に流されているということになります。

私たちを苦しめているのはイメージに過ぎない

私たちは過去の辛い体験を思い出す時に、本物の体験のようにリアリティを感じることがあります。このような場合、仮に20年も前の出来事だったとしても、今、目の前で起こっている本物の出来事のように感じてしまっているのです。

しかし、ここでハッキリとさせたいのは、**私たちは目の前の事実に苦しんでいるのではなく、頭の中のスクリーンに投影されたイメージに反応している**ということです。「無意識（部下たち）は現実とイメージの区別をつけられない」からです。

時々すごく心配症の人を見かけますね。心配症の人は、起こる可能性が著しく低いことを恐れて過ごす傾向があります。

あなたは、そのように極端に不安を感じている人を見て、「それは取り越し苦労だよ」とか「それは幻覚だよ」などとアドバイスするかもしれません。

このように誰か別の方がイメージの世界にはまり込んで苦しんでいる時、幻覚の世界にはまりこんで視野が狭くなってしまっているだけだということがわかります。でも、それが自分のこととなると幻覚を現実だと錯覚してしまうのです。

現実には、頭の中のイメージが、あなたに危害を加えることはありません。そして、**イメージは幻影に過ぎないから、いかようにも変えられる**のです。

代表記憶も記憶なので、頭の中のイメージ（頭の中の五感情報）に過ぎません。

このような意味で、**「代表記憶はイメージに過ぎないから変えやすい」**のです。

あなたは映画監督のように映像（イメージ）を修正できる

あなたが映画館で映画を見ていたとして、あるシーンが気に入らないからといってそれを修正する権限はありません。それができるは、映画監督だけです。

しかし、あなたの頭の中のイメージ（五感情報）は、あなた自身が変えることができます。**あなたは、あなたという王国の最高責任者（王様）**だからです。

苦手な人がいたとしたら、その人（Aさん）の性格が悪いから苦手だと思っているかもしれません。しかし、実際には、代表記憶が悪いからAさんのことを苦手だと感じてしまっているのです。

これは**「性格が悪い」など意味的なものよりも、たったひとつの代表記憶がどんな色や音などでできているかのほうが重要**であるということを意味します。

むしろ、「性格が悪い」という意味は、図30のように、具体的な映像があり、それを言葉で表現しようとする際に翻訳されたものなのです。


記憶は頭の中のスクリーンに映った映像なので、仮に写真と捉えることにしましょう。一つひとつの記憶がそれぞれ写真というわけです。

すると、とても悪い先入観がある人（Aさん）の場合、その人物に関する無数の写真（記憶）の中からもっとも悪い写真（記憶）を代表記憶に選んでいること

図30：言葉は代表記憶（イメージ）を翻訳したもの

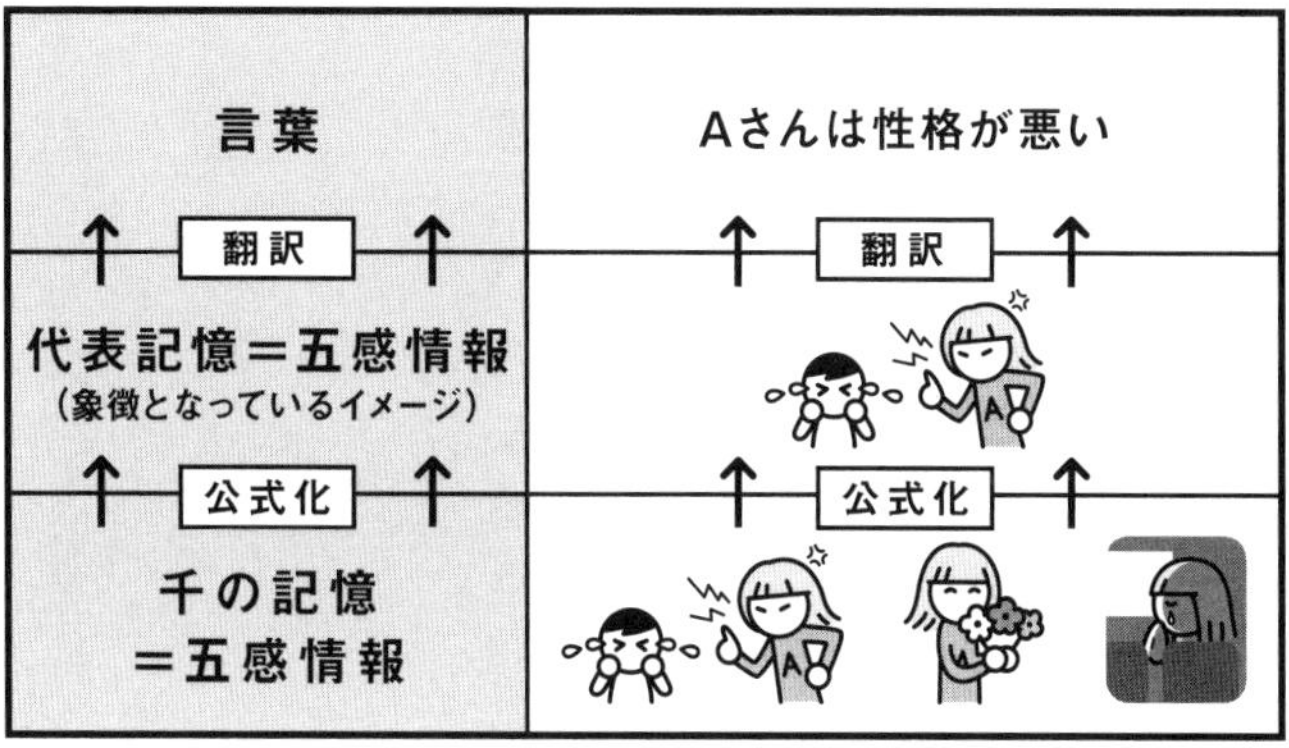

になるのです。たとえ嫌いな人でも、親切にしてもらった記憶もあるはずなのですが……。

しかし、にわかには信じられないかもしれませんが、代表記憶を「好ましいAさんの写真（記憶）」に差し替えることができたら、苦手だったAさんが気にならなくなるのです。

次のページから実際に試してみましょう。

代表記憶を書き換えるワーク
〜基本編〜

代表記憶の「明るさ」を調節する

代表記憶は人や出来事に接した時の反応をつくり出す、とお伝えしました。**代表記憶は五感情報の中でも主に映像と音でつくられている**ので、映像と音の質が反応の質を決定します。中でも大きな影響を与えているのは映像なので、この本では主に映像による代表記憶の調節を行います。

ここでは「**代表記憶の映像**」**のどの部分を変えれば、大きく反応が変わるのか**を実験してみたいと思います。

まずは「**代表記憶の明るさ**」**の調節**からです。ワーク9を体験してみてください。

明るさの調節（ワーク9）は、先ほど富士山をピンク色に変えたように、簡単

WORK 09

代表記憶の明るさを調節する

❶「嬉しかった時の体験」を具体的に思い出してもらえますか?
「嬉しかった時の体験」がぼんやりと頭の中に浮かんでくるでしょう。そこには嬉しかった体験にちなんだ映像があるはずです。映像ですので、明るさ(明度)がありますね

❷まるでテレビの明度のつまみを右に回して明るさを増すかのように、頭の中の映像を明るくしていってみてください。十分に明るくなったら10秒ほど明るくなった「嬉しかった時の体験」を楽しんでください

❸その映像(十分に明るくなった映像)をどんどん暗くしていってください。もうほとんど見えなくなるまで暗くしていきます。見えなくなるくらいに暗くなったら、やはり10秒ほど暗くなった「嬉しかった時の体験」を見てください

❹この暗くなった映像をもう一度明るくしていきます。この実験を始めた時と同じくらい明るくなったら、10秒ほどその映像を楽しんでください

に行えたのではないでしょうか。ほとんどの場合、明るくすれば嬉しい気分も高まってきます。逆に、暗くすれば、嬉しさが減少してしまいます。

同じ出来事でも、それに伴う映像が変われば反応も変わるのです。

ここでは、**記憶に伴う映像を調節できる**ということと、**映像を調節すると身体で感じる反応が変わる**ということを押さえておいてください。

21ページで、脳内プログラムの書き換えは五感（体験）と言葉を意識的に使うことによって行うとお伝えしました。ここで紹介した頭の中の五感情報の操作は、脳内プログラムの書き換えのもっとも簡単な方法です。これも、五感（この場合は頭の中の五感情報）を意識的に使って（操作して）いますね。

ワークのコツ：イメージはぼんやりでＯＫ

代表記憶はイメージに過ぎません。よって、代表記憶の映像の調節とはイメージトレーニングにほかなりません。

そこで、**イメージトレーニングの大切なコツ**をお伝えします。

それは、**頭の中で思い描くイメージは、ぼんやりしたもので十分**だということです。実物が100だとしたら**5%くらい見えていたら十分**だと思ってください。

これから、代表記憶の調節のワークの続きで不愉快な出来事を思い出してもらいますが、ぼんやりとしたイメージをもつだけでも身体は十分に反応します。

実際に私たちは、時々過去のイヤな出来事を思い出すことがありますが、その映像はぼんやりとしたものに過ぎなかったはずです。それでもしっかり身体では反応していたでしょう。

イヤな記憶をコントロールするワーク

さて、今度は先ほどと同じ方法で「不愉快な体験」を調節してみましょう。

先ほど、嬉しかった体験を調節した際に、明るくすれば嬉しい気分も高まり、暗くすれば嬉しさが減少することを学びました。これは、明るくすれば感情的なインパクトが増し、暗くすれば感情的なインパクトが減少することを意味します。

よって、「不愉快な体験」のネガティブな感情を減少させるために、頭の中の映像を暗くします。今度は、明るくする必要はありません。

WORK 10

イヤな体験の明るさを調節する

❶「不愉快な体験」を具体的に思い出してください。「不愉快な体験」にちなんだ映像がぼんやりと頭の中に浮かんでくるでしょう

❷その映像をどんどん暗くしていってください。感情的なインパクトがどのくらい減少していくのかに意識を向けながら、ほとんど見えなくなるまで暗くしていきます

「不愉快な体験」の記憶の明るさの調節は、日常生活で役立ちます。

思い出したくもないような不愉快な出来事が突然頭に浮かんでくることがあるかもしれません。そのような時に、明るさの調節が役立ちます。

ただし、「明るさ」の調節もテーマによって、扱い方が異なります。

たとえば、朝起きた時、学校や仕事に関するイヤなイメージが浮かんでくることがあるかもしれません。そうなると、なかなか起きられませんね。

このような場合には、学校や会社をさらに暗くすると、不気味さが増してイヤ

なイメージが強化されてしまうかもしれません。こんな時は、明るくすることによって、楽しそうに感じられるようにしたほうが良いでしょう。

イメージの「大きさ」を調節するワーク

さて、頭の中の映像は、明るさだけではありませんね。次は、大きさを調節したらどうなるかを実験してみましょう（ワーク11、ワーク12）。

多くの場合は、大きくしたら反応も大きくなり、小さくしたら反応も小さくなります。

「大きさ」の調節も、テーマによっては大きくしたほうが良い場合もあります。たとえば、非現実的なまでに大きくしたら、現実感が薄れて嫌悪感がなくなる場合もあります。先ほどの「明るさ」もそうですが、テーマによって効果が真逆になる場合もあるので、実験を重ねて調節のコツをつかんでみてください。

調節できる項目を増やそう

ここまでに、イメージの「明るさ」と「大きさ」を調節するワークに取り組ん

WORK 11

代表記憶の大きさを調節する

❶もう一度「嬉しかった時の体験」を思い出してみましょう。そして、その大きさをどんどん大きくしていきます。十分大きくなったら、10秒ほどそれを楽しんでください
❷映像を小さくしていきます。だいぶ小さくなったら、10秒ほど小さくなった「嬉しかった時の体験」を見てください
❸この小さくなった映像をもう一度大きくしていきます。この実験を始めた時と同じくらい大きくなったら、10秒ほどその映像を楽しんでください

WORK 12

不愉快な体験の大きさを調節する

❶「不愉快な体験」を具体的に思い出してください。「不愉快な体験」にちなんだ映像をぼんやりと頭の中に浮かべると、その反応として不愉快な気分が立ち上がってくるでしょう
❷不愉快になったら、その映像をどんどん小さくしていきます。感情的なインパクトがどのくらい減少していくのかに意識を向けながら小さくしていきます

でもらいました。変化の仕方は同じではなかったと思います。効果は人によって異なります。「明るさ」の調節のほうが嫌悪感を減らせた方もいるでしょうし、小さくするほうがしっくりくるという方もいるでしょう。

大切なことは、さらにワークを重ねて、あなたが効果的にネガティブな反応をコントロールするためのイメージ調節法を発見することです。

そのためには、できるだけ詳しい調節するための項目のリストが必要です。

次のページに、視覚情報に関する細かな項目をまとめます。ここまで、「明るさ」と「大きさ」を調節できたように、ここに書かれてある項目も調節することができます。

「明るさ」「大きさ」がそうであったように、どの項目のほうが効果的かは、取り組んでみてはじめてわかるものです。

どの項目があなたに大きな変化をもたらすかを実験してみましょう。

図31：視覚情報の項目

①明るさ：映像をさらに明るくしたり、暗くしたりする

②大きさ：注目している物（人）をさらに大きくしたり、小さくしたりする

③位置：注目している物（人）の位置を左寄りにする、あるいは右寄りにする

④色彩：画像をオールカラーから白黒まで色を変えてみる

⑤距離：注目している物（人）を手前にもってきたり、遠くへ移動させたりする

⑥奥行：注目している物（人）を写真のように平面にしたり、立体にしたりする

⑦鮮明度：画面を鮮明にしたり、ぼやけさせたりする

⑧動き：活発に動く動画にしたり、止まっている静止画にしたりする

⑨縦横の比：画面を縦長にしたり、横長にしたりする

⑩スピード：動画の場合、スピードを速くしたり、スローモーションにしたりする

⑪前景と背景：注目している物・人（前景）と、背景の距離を変える。あるいは、前景と背景を入れ替える

⑫背景の色：背景の色をくすんだ色にしたり、派手な色に変えたりする

⑬アイテムを付け加える：登場人物に花束を持たせたり、ミッキーマウスの耳を付けてみたりする

代表記憶を書き換えるワーク
～実践編～

代表記憶を書き換える手順

ワーク13の項目を使って代表記憶を書き換える実験をしてみましょう。

行う手順は「**Ⅰ．代表記憶に気づく**」→「**Ⅱ．代表記憶を調節する**」の順です。

これはワーク9で実験してもらったとおりです。

「**Ⅰ．代表記憶に気づく**」は富士山を思い出してもらったように、ワークで扱うテーマについて意識を向けた時に自然と頭に浮かぶ五感情報です。

「**Ⅱ．代表記憶を調節する**」は、ワーク9で実験してもらった「明るさ」「大きさ」などの調節ですね。

では、「**Ⅰ．代表記憶に気づく**」からです。

図32：代表記憶の例

父親の代表記憶

ビールを片手に難しい顔を
しながら歴史小説を読んでいる

苦手な勉強の代表記憶

目の前に
霧がかかっているような状態

海外旅行の代表記憶

青い空、飛んでいる飛行機、
大きなスーツケース

受験勉強の代表記憶

メガネをかけて夜遅くまで
ひたすら机に向かっている

まずは、ワーク9と11で「明るさ」と「大きさ」を変えた「嬉しかった出来事」の代表記憶をさらに精密なものにします。

ワーク13の項目に沿って一つひとつ確認していきます。ワーク13上段のイラストを参考にして、下段の空欄を埋めてみてください。

ワーク9と11で明るさと大きさを変える練習をしている時には、「動画か静止画か」「位置（右寄り・左寄り）」などには気づけていなかったという方も多いと思います。**人間は意識を向けたものしか気づけない（見えない）**からです。

多くの人は、代表記憶というものを知りません。この場合、代表記憶に気づけないないし変えるという発想すらありません。この本で行った明るさの調節が、はじめての代表記憶の調節だったという方が多いでしょう。また、ぼんやりと代表記憶を見ているだけでは、細部の映像に気づけていないので、変えられる項目は制限されます。たとえば、ワーク10（不愉快な体験）で、苦手な人をテーマにした人も、細部（靴など）にまでは意識を向けていないので、それ（細部）には気づけないないし変えられません。多くの部分を変えるには、より多くの項目に意識を向けなければなりません。だからワーク13の多彩な項目が役立つのです。

WORK 13

代表記憶の視覚情報に意識を向ける

嬉しかった出来事の代表記憶の例（彼女とデート）

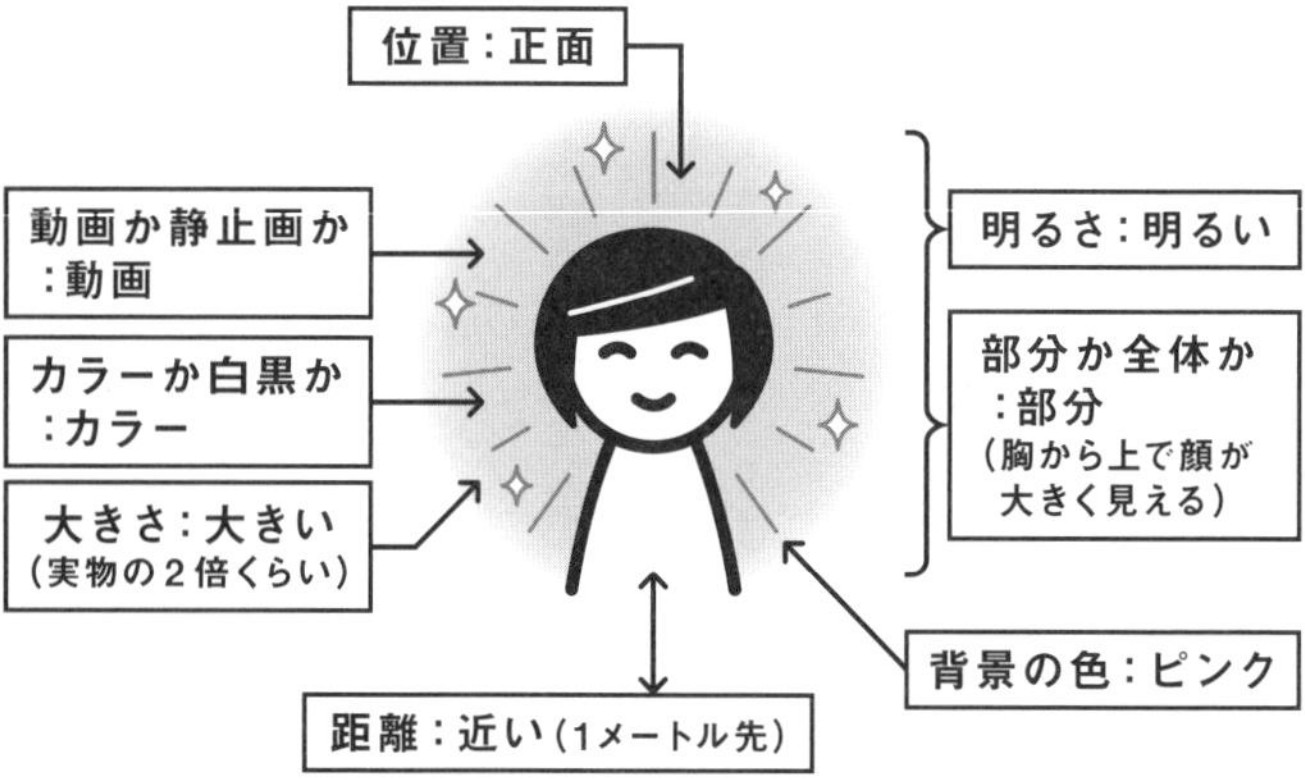

あなたの嬉しかった出来事の代表記憶の特徴を書き込んでください。

代表記憶の項目	代表記憶の特徴（例：距離…3メートル先に見える）
明るさ	
大きさ	
位置	
距離	
動画か静止画か	
部分か全体か	
背景の色	
カラーか白黒か	

代表記憶に気づく：代表記憶の視覚情報を比べてみる

180ページの空欄が完成したら、今度は「不愉快な出来事」の視覚情報の見える化をします（182ページ）。ここでは、正反対の出来事の視覚情報の違いを明らかにしてもらいます。これによって、**「嬉しかった出来事」と「不愉快な出来事」の頭の中での体験の仕方の違い**に気づくでしょう。

代表記憶のイメージは、あなたの頭の中の個人的な体験の特徴を表すものです。「怖いもの＝黒い」などのような、万人に共通する客観的なものはありません。人によっては黒が幸せの象徴なのです。よって、**さまざまな代表記憶を調べて、自分なりの代表記憶の特徴を見つけることが大事**です。

私の知り合いには、「嬉しかった体験」の大半は右側に配置されていて、「不愉快な体験」の大半は左側に配置されていたという方がいます。この方に、不愉快な体験を右側に移動させてもらったところ、不愉快さがだいぶ緩和されました。

くり返しお伝えしたように、**何かを変えるには、漠然としている無意識のクセを手に取って触れるくらいに具体的にする（見える化）必要がある**のです。

WORK 14

「不愉快な出来事」の代表記憶の視覚情報に意識を向ける

不愉快な出来事の代表記憶の例（彼女とのケンカ）

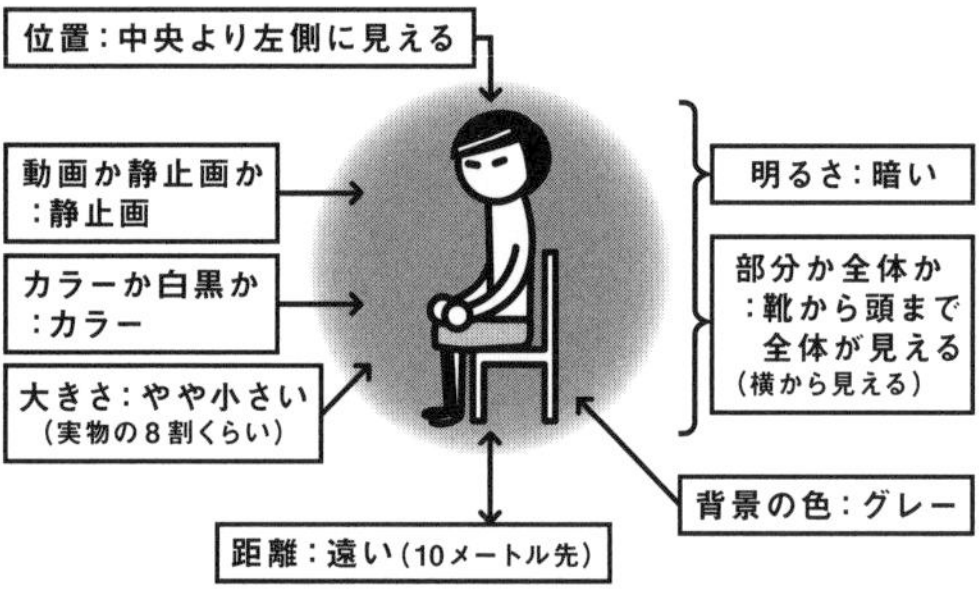
位置：中央より左側に見える
動画か静止画か：静止画
カラーか白黒か：カラー
大きさ：やや小さい（実物の8割くらい）
距離：遠い（10メートル先）
明るさ：暗い
部分か全体か：靴から頭まで全体が見える（横から見える）
背景の色：グレー

あなたの不愉快な出来事の代表記憶の特徴を書き込んでください。

代表記憶の項目	代表記憶の特徴（例：位置…右よりに見える）
明るさ	
大きさ	
位置	
距離	
動画か静止画か	
部分か全体か	
背景の色	
カラーか白黒か	

★印象を大きく変えるには、ミッキーマウスの耳を付けるなど、アイテムを加えると効果的です。

代表記憶を調節する① 反応の変化を数値化する

さて、ここまでで、**「Ⅰ．代表記憶に気づく」**に取り組んできましたので、続いて**「Ⅱ．代表記憶を調節する」**の練習をしてみましょう。184ページです。

行うことは169・174ページで行った「明るさ」と「大きさ」の調節と同じです。ここでは、182ページの項目にそって、「不愉快な出来事」の「明るさ」「大きさ」以外の項目をいくつか変えてみてください。

ここでは、**どの項目がより大きな変化をもたらすか**を調べます。興味のある項目から、イメージを操作してみてください。一般的にとくに効果があがるのが「明るさ」「大きさ」「距離」「カラー・白黒の転換」「動画・静止画の転換」などです。印象を大きく変えるには、ミッキーマウスの耳を付けるなど、アイテムを加えると効果的です（186ページイラスト）。どのくらい変わったのかを調べるために、点数をつけるのも良い方法です。

注意しなければならないのは、**変え方によっては、より嫌悪感が増してしまうこと**です。悪くなった時には、すぐに元の映像に戻してください。

図33：代表記憶を調節する

彼女とケンカした時のこと…

代表記憶を調節する② 同時に3つの要素を変えてみる

「不愉快な体験」の映像の各項目を変える練習ができたでしょうか？

頭の中の映像の操作はどうでしたか？ 大きく印象が変化した項目もあれば、ほとんど効果がなかった項目もあるでしょう。

映像のどの要素の影響力が高いかに気づけたら、それを重ねて、より大きな変化をつくり出すことができます。たとえば、「①色を変える」→「②動画を静止画に変える」→「③最後に距離を20メートル遠ざける」などです。とくに、大きく反応が緩和された項目を3つ選んで変えてみると良いでしょう。もちろん、3つ以上でもかまいません。

いくつか重ねて記憶の映像を調節したら、その出来事があなたに与える嫌悪感がどのくらい軽減されているかを確認してください。その不愉快な体験の感じ方は、以前とは違ってくるでしょう。

恐怖症など根深いものでない限り、これで代表記憶は書き換わります。さらにくり返しイメージすることで、新しい代表記憶を定着させやすくなります。

図34：代表記憶を調節する②

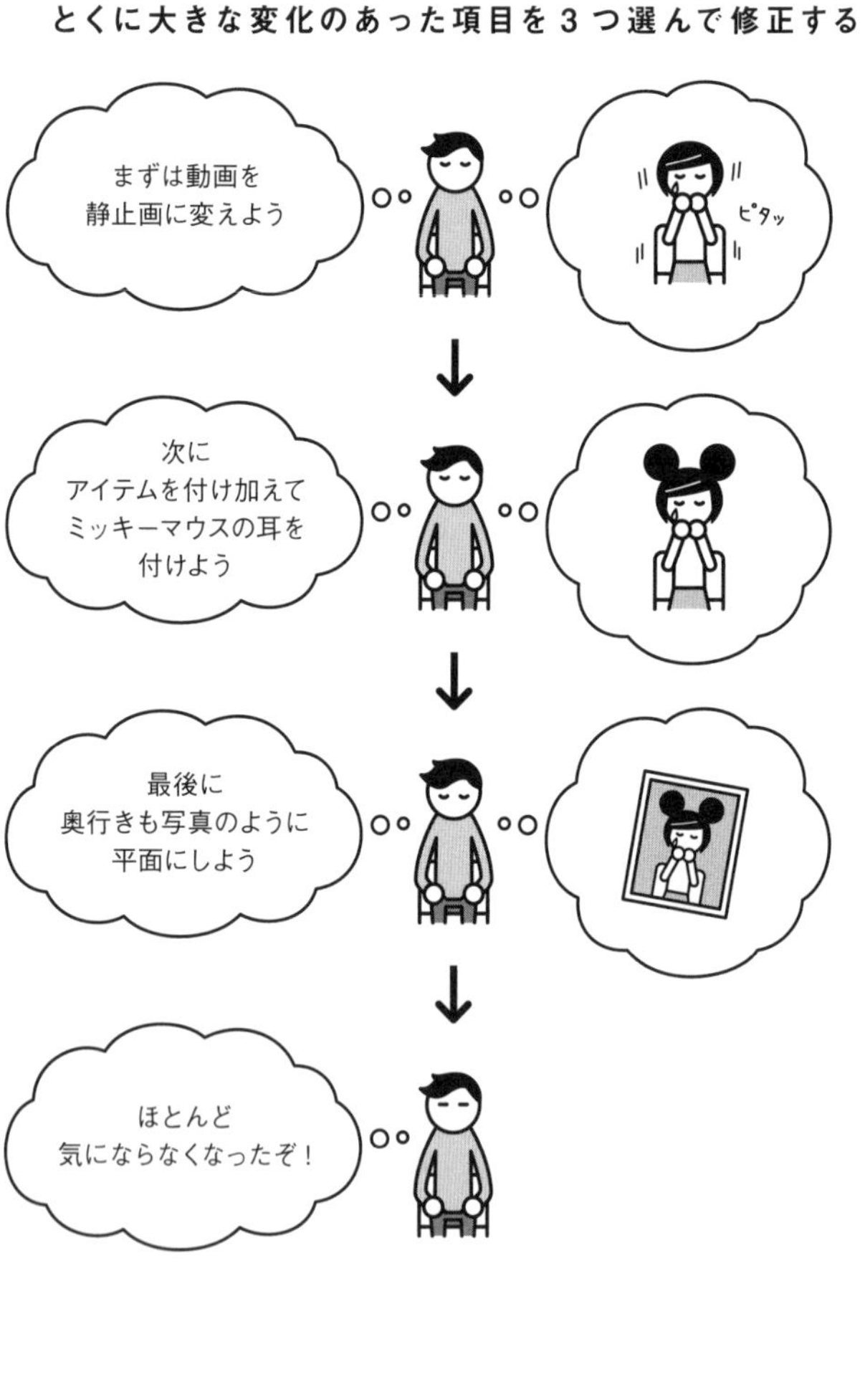

とくに大きな変化のあった項目を3つ選んで修正する

代表記憶を書き換えるワーク
～応用編～

182ページの表を使って、「得意な科目（こと）」「苦手な科目（こと）」の代表記憶の視覚情報の違いを明らかにすることもできます。

私の知り合いは、「得意な科目（こと）」の映像は詳細までがハッキリと見えていて、「苦手な科目（こと）」は霧がかかったようにぼんやりとしか見えないことを発見しました。彼に、ぼんやりとした映像の細部を明確にしてもらったところ、苦手意識がなくなったそうです。彼にとって、苦手意識の原因は、「ハッキリとしない（見えにくい）からわかりにくいと感じてしまうこと」にあったのです。

このように、**「無意識（部下たち）」がつくり出す脳内プログラムの映像に気づくと、あなたはそれを調節できる**のです。ほとんどの場合、まさに無意識的になっていますので、これらに気づくことは興味深く感じられます。

図35：「習慣化できていること」と「習慣化できていないこと」の代表記憶の違い

習慣化されてムリなくできることの代表記憶の特徴

スイミングスクールに通う

動き：リズミカルな動きがある
色：カラー（**ブルー＝好きな色**）
色調：明るい
距離：目の前で大きい

習慣化したいけどできないことの代表記憶の特徴

毎日１枚絵を仕上げる

動き：静止画
色：モノクロ
色調：暗い
距離：小さくて遠い

なかなか習慣化できないことの映像を書き換える

188ページに「習慣化されていてムリなくできること」と「習慣化したいけどできないこと」の映像の特徴の例を紹介しました。また190ページには、「習慣化したいけどできないこと」の映像の調整例をまとめています。

あなたが**習慣化したいけどできないことは、脳内プログラムがブロックをかけている**と考えられます。

この場合、**「原因がわからないので何となくできない」**のです。

習慣化しにくいことを習慣にするには、まず頭の中にある無意識的なブロック（代表記憶の映像）を見える化していくことです。さらに、それを「習慣化されていてムリなくできること（勝ちパターン）」の映像に近づけることによって、行動を起こしやすくなります（図36）。

脳内プログラムは五感情報でできているので、「勝ちパターン」は「勝ちパターン」特有の色と音で構成されています。それを習慣化できないパターン（負けパターン）に反映すれば、「勝ちパターン」に近づけることができるのです。

図36：「習慣化できないこと」を習慣化しやすくするための代表記憶の調節例

習慣化したいけどできないこと（毎日１枚絵を仕上げる）の代表記憶を、習慣化されていてムリなくできること（スイミングスクールに通う）の代表記憶を参考にして調節する

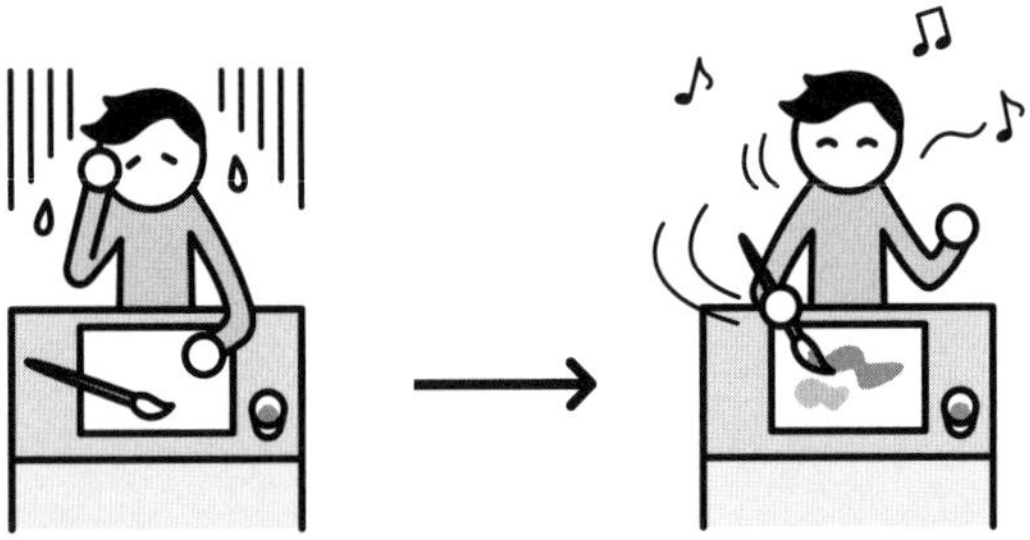

動き：リズミカルにする（**特に効果的**）
色：カラーにする（好きなエメラルドグリーンを多くした）
色調：明るくする
距離：目の前で大きくする
音：リズム感のあるラジオ番組の音（DJの声を付け加えた）

- とくにリズムが大事だったので、リズム感のあるラジオ番組をイメージの中に付け加えたら、効果が増した
- 朝起きた時と、実際に描き始める前にこのイメージをするようにしたところ、毎日1枚の絵を仕上げることができるようになった

第5章

習慣を変える

習慣を変える具体的な方法

新しい習慣を身につける3つの指針

この章では、第4章までに紹介した理論を、習慣化のための具体的なテクニックに置き換えて、すぐに日常で実践できるようにします。

まずは新しい習慣を身につけるための3つの指針を先にご紹介します。

1. 習慣化には意志を上手に補う方法が必要

2. 新しい習慣を身につけるには、悪い習慣を手放さなければならない場合がある

3. 古い習慣を手放すには、葛藤を最小化するテクニックが必要

指針1　習慣化には意志を上手に補う方法が必要

「意志」は、「主体的に選択できる意識」と表現してきたものと同じです。「意志」という言葉を本書に当てはめると**「意識」**となります。よって、「主体的に選択できる意識」は自由に意志を発揮しやすい状態で、「無意識に流されている意識」は意志が弱くなっている状態となります。

ここまでお読みいただいたみなさまは、人間は無意識に流されがちだということを理解いただいていますね。第2章でご紹介した「主体的に選択できる意識」を実現する方法を用いて、何とか一時的に「主体的に選択できる意識」になれるくらいです。これは、**意志が強い人は滅多にいない**ということを意味します。

でも、「意志が強そうに見える人」を見かけることはありませんか?

たとえば〝仕事人間〟と表現されるようなワーカホリック(仕事中毒)気味の方などです。私の知り合いにも何人かいます。彼らは、ものすごい集中力で仕事をこなし、不眠不休で働くことすらあります。意志が強くなければここまで仕事に集中できないのではないか――そのように感じるかもしれません。

しかし、彼らを見ていてわかるのは、**意志が強いのではなく、強烈に仕事に没頭させる脳内プログラムがある**ということです。ですから、彼らは意識的にというよりは、惰性で仕事に没頭しているのです（ものすごい集中力を発揮して仕事をしているので、まったくそのようには見えないでしょうが……）。彼らにとっては、「仕事をしないと決めて休む時」にこそ強い意志が必要なのでしょう。このような人は、どれだけ身体が悲鳴をあげても、休むことができないものです。これもまた、意志が弱いということになります。

これまで、**「主体的に選択できる意識」**という言葉を何度も使ってきました。「主体的に選択できる意識」は、脳内プログラムから比較的自由になっていますので、意志を発揮しやすい状態です。

「意志」というイメージしやすい言葉を使わずに、あえて「主体的に選択できる意識」という慣れない言葉を使ってきたのは、勘違いを避けるためです。つまり、「意志」という言葉を使うと、ワーカホリックのような方がもつ不屈の根性のようなものだと簡単に錯覚してしまう可能性があるためです。

第2章で紹介したワークによって「無意識に流される意識」から脱同一化する

のも、脳内プログラムに同一化して意志が弱くなっている状態を緩和するためでもあります。そこで、この章では、**習慣化を成功させるために、弱い意志を上手に補うコツ**をお伝えします。

指針2　新しい習慣を身につけるには、悪い習慣を手放さなければならない場合がある

多くの人にとって、新たに身につけたい習慣は、悪い習慣によって妨害されているものです。たとえば、早寝早起きを習慣にしたい人は、それができていない人でしょう。できない理由は、ネットサーフィンなどをして夜更かしをする習慣があるからです。**新しい習慣をなかなか身につけられない場合、悪い習慣を解除する必要がある**のです。

指針3　古い習慣を手放すには、葛藤を最小化するテクニックが必要

無意識が脳内プログラムを組む目的は「安全・安心の確保」と「効率化」だと

お伝えしました。習慣も脳内プログラムなので、「無意識（部下たち）」は「あなた（意識）」を最善の状態に保つため、過去にできた習慣をくり返しているのです。

自己変革は、組織を変革することと似ています。会社の競争力が落ちてくると、リーダーが組織の変革を全社員に提案します。しかし、それを強引に推し進めると、社員たちの抵抗にあって変革が進みません。とくに、かつてのやり方で活躍していたベテランの方は、古いやり方を手放すことに喪失感を抱くものです。

「あなた（王様）」が新しい習慣を身につける際にも、まったく同じことが起こります。**あなたが変わろうとする時に、古い習慣（部下たち）が抵抗する**のです。

ムリやり習慣を変えようとしたら、抵抗を感じたり、喪失感を抱いたりすることになります。これでは、新しい習慣を身につけにくいですよね。

第3章で、「あなた（王様）」が「感情（部下）」を抑圧し過ぎると、その反動で、あなたは感情をコントロールできなくなるため、感情を上手に昇華させる必要があるとお伝えしました。この章では、昇華を用いた習慣化のためのテクニックや、古い習慣を手放す時に感じる抵抗を少なくするためのワークもご紹介します。

習慣を変える時の「心理的負担」を軽くする

一日に使える「意志エネルギー」には限りがある

新しい習慣を身につけるには意志を上手に補う必要があるのでしたね。

ここで最初に理解してほしいのは、**一日に使える意志には限りがある**ということです。つまり、意志もまたエネルギーのように使い続けると枯渇してしまうのです。どれだけ意志が強い人でも、寝ずに活動を続けることはできません。エネルギーが枯渇すると、睡眠をとって、充電をしなければなりませんね。

第1章で、疲れている時はより流されやすくなるとお伝えしました。そんな時には、何も考えられずパターン化した行動しかとれなくなります。このような状態では新しい習慣をつくるための新たな行動をとることはできないでしょう。

このように、意志には限りがあるので、新しい習慣を身につけるには、意志の消耗を防ぎ、上手に意志を補う必要があるのです。

では、意志を消耗させるものは何でしょうか？　もっとも意志を消耗させるのは「**心理的負担**」です。これは、実際に生じている負担ではなく、「**頭の中で考えている負担（内面で感じている負担）**」のことで、つまりイメージです。やはり、**イメージが人間に多大な影響を与えている**のです。

私たちは、脳内プログラムをフィルターとして被せて世界を見ているとお伝えしましたね。その結果、怖くないものまで「怖い」と勝手に考えたり、難しくないものまで「難しい」と感じてしまったりするのでした。何か悪いことが起こった時、「原因は自分にあるのでは？」と考える傾向がある人は、頭の中で重荷（心理的負担）を背負っていることになります。責任感が強過ぎて、さまざまなことを抱えこんで苦しんでいる人も同様です。

心理的負担をもたらす主なものは、「ネガティブな思考内容」です。

ストレスを抱えている時や、悲観的になっている時には、エネルギーの消耗が早いと感じるでしょう。失恋した直後などは、朝起きてそのことに意識を向けるだけでぐったりしてしまいます。ネガティブな思考内容（想念）は、大量のエネルギーを消耗させるのです。

習慣を変える時、大きな心理的負担を感じる

ほとんどの場合、習慣を変えようとする時、大きな心理的負担を感じるものです。とくに、これまでの自分を覆すような、新しい習慣を身につけようとする時ほど億劫になるでしょう。これは、**実際の行動が難しいからではなく、「心理的負担」が大きいから億劫に感じている**のです。

たとえば、新たにジムに通おうと「主体的に選択できる自分」が望んでも、「無意識的に流される自分」は、家でテレビでも見ながらゴロゴロしていたいと思うでしょう。この場合、ジムに行こうと考えた時のほうが心理的負担は大きいものです。ただし、冷静に考えるとジムに行くこと自体は、苦しまなければならないほど大変なことではありません。**脳内プログラムがつくり出すフィルターが億劫な印象をつくり出して、それに反応している**のです。

新しい習慣を身につけるための行動を起こす際、**心理的負担がもっとも大きい**

のは新たな行動を始める前です。ジムに行く前が、もっとも心理的負担が大きいのです。実際の行動をしている時（ジムに行ってジョギングしている時）には、それほど心理的負担は感じません。

あなたも苦手なことは、始めるまでに時間がかかりませんか？　たとえば苦手科目の勉強を始める時に、何とも言えない億劫な気持ちを感じたことはありませんか？　私は、苦手科目の勉強を始めるのがどうしても億劫で、ふだんは散らかっていてもまったく気にならないのに、机を整頓して、次は部屋の掃除までして、60分も経ってからやっと取りかかることが多かったです。

多くの人が新たに身につけたいと思っている習慣は、「ダイエット」「部屋の掃除」「毎日運動をすること」「早起き」などではないでしょうか？　苦手科目の勉強のように、やったほうが良いとわかっているけれど億劫だから後回しにしていることかと思います。こうした**新しい習慣を始めるのを妨げているのは、行動する時に感じる「心理的負担」**なのです。よって、「心理的負担」を軽減することで、新しい習慣を身につけやすくなります。「心理的負担」はイメージなので、第4章でご紹介した代表記憶の調節を行って軽くすることができます。

WORK 15

習慣化にまつわる億劫な代表記憶を調節する

❶新しく習慣化したいと思っている行動をひとつ選びます。そして、182ページを参考にその行動の代表記憶を調べます

❷184ページを参考に、代表記憶を調節します

＊調節の際、新しく習慣化したいと思っている行動は心理的負担が重い可能性があるので、「軽くすること」を心がけます（軽やかな色に変えるなど）

＊映像をさらに軽やかにするために、聞くと元気が出るお気に入りの曲（音情報）を入れるとさらに効果的です

❸調節した（軽くなった）代表記憶を思い浮かべてから、習慣化するための行動をとるようにします

ムリなく続けるシンプルなコツ

「目標を小さくすること」の魔法

201ページでは、新たな行動の代表記憶（イメージ）を軽くすることによる心理的負担の軽減法を学んでいただきましたが、ここではもうひとつ心理的負担を軽くする方法をお伝えします。それは、**目標を小さくする**ことです。

今、私はこの本を書いていますが、やはり一番辛いと感じるのは書き始める前です。この場合の書き始めは、毎朝の書き始めや、昼休憩後の書き始めなどです。

とくに私の場合、書くのが苦手なので、「本を一冊仕上げる」と思うと「心理的負担」の大きさに圧倒されてしまい、手も足も出なくなってしまいます。途方もない大事業のように思えるのです。ただし、何とかここまで（最終章まで）書き進めることができたのも、「目標を小さくすることの魔法」を活用したからです。

私の場合、大体60分くらい書いたら短く休憩し、また書き始めるということをくり返しています。その際、たとえば「最終章全部を書き終えよう」と思うと、心理的負担が重過ぎてなかなか書き始められません。そこで、**「まずは5分間だけ書こう」**と、決めるのです。5分間だけと考えると、気が楽になります。すると、一番気が重い初動が軽くなり、すぐに書き始めることができるのです。

そして、いったん5分書くと、書き始めるまでに感じていた重たい気分はなくなっています。書くことに集中し始めると、慣性の法則が働いてどんどん書き進められるようになり、60分くらいあっという間に過ぎてしまうことも多いです。

苦手科目の勉強も、始めるまではとても辛かったのですが、いざ始めてしまえば、それなりに興味深く感じられたという方も多いかもしれません。

目標は小さければ、小さいほど良い!?

さて、**今すぐにでも始められる小さな目標を立てて、すぐに始めてしまう**というものは、NLPのスクールで学んで実践してきたことですが、習慣化の専門家であるスティーブン・ガイズは、著書の中でその効果を臨場感たっぷりに書いています。衝撃的だったのは、彼は、「**目標は小さければ、小さいほど良い**」と言っていることです。彼は筋トレを習慣化するなら、たとえば腕立て伏せなら一日1回を目標にしろと力説してたのですが、これには驚きました。彼も**習慣化するには、極力意志の力を使わずに行動できるようにしなければならない**と言っています。腕立て伏せ1回なら、習慣にしやすいでしょう。1回で終わることはないので、2回、3回と続くことになります。さらに20回、30回と続くことも多いのですが、1回以上できた分は「**おまけとする**」と、ガイズは述べています。

「5分だけ書く」「1回だけ腕立て伏せをする」など、**絶対に毎日続けられる超スモールステップを目標とする**ことが、心理的負担を軽くするのに役立ちます。

「続けられているという自己イメージ」をもつ

習慣化に対して苦手意識をもつ人の中には、新しい習慣を身につけるための行動を起こしたにもかかわらず、途中でやめて元に戻ってしまった経験がある方がいるのかもしれません。この場合、「続けられなかった」という悪い記憶が「習慣化に関する代表記憶」になってしまう場合が多いのです。

この「習慣化に関するネガティブな代表記憶」も、先ほどご紹介した「代表記憶の調節」の方法を用いると緩和されます。代表記憶を調節したら、新たな習慣を身につけるための行動を起こしやすくなります。

しかし、「意志」自体が急速に強くなるわけではないので、意志が弱っている時には、続けるのが億劫になることでしょう。そして、「また続けられなかった」と落胆し、習慣化へのネガティブなイメージを再現させてしまうかもしれません。これでは、せっかく代表記憶を調節しても、元に戻ってしまいますね。

新たなことを習慣化して自動的にできるようになるためには、行動をくり返す必要があります。その際、**「自分は継続できているという自己イメージ」**があなたを支えます。これは、あなたが身につけたいと思っているあらゆる行動の習慣化をサポートする脳内プログラムです（図37）。

この脳内プログラムをつくるには、**何かひとつのことでかまいませんので、「少ない回数」**や**「短い時間」を継続する**ことが役立ちます。「少ない回数」や「短い時間」なら確実に続けられるからです。そして、「少ない回数」や「短い時

図37：習慣化を成功させる自己イメージをつくると、個々の習慣を身につけやすくなる

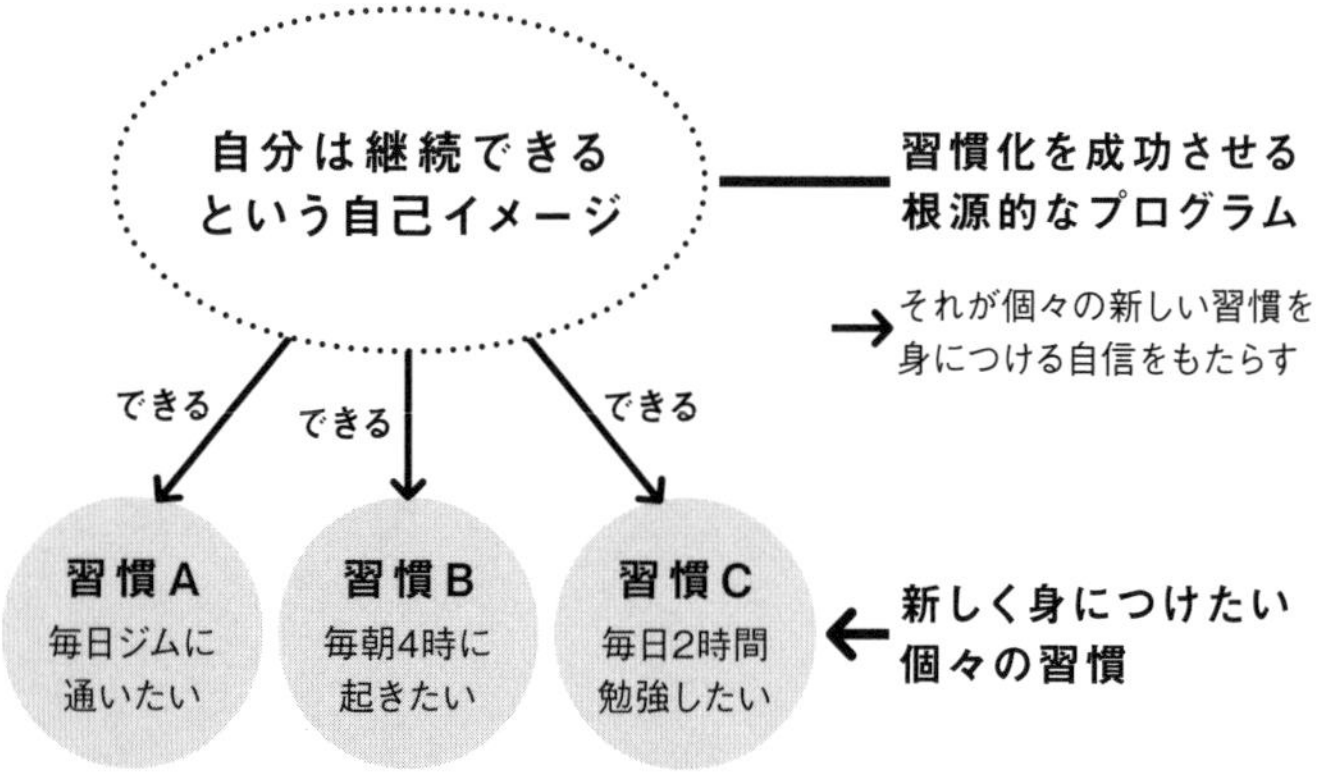
自分は継続できるという自己イメージ
習慣化を成功させる根源的なプログラム
→それが個々の新しい習慣を身につける自信をもたらす
できる
できる
できる
習慣A
毎日ジムに通いたい
習慣B
毎朝4時に起きたい
習慣C
毎日2時間勉強したい
←新しく身につけたい個々の習慣

間」を継続しているというイメージを保ちながら、先ほどお伝えしたように、それ以上の回数ができそうな時には、おまけとして余分に実行するのです。

たとえば、私の場合ならば「①60分書くのをノルマにする」のではなく、「②5分をノルマとして残りの55分をおまけにする」のです。①と②では、得られる心理的利得がまったく違います。前者の場合は、60分終わっても、「最低限のノルマを果たした」としか感じられません。それに対して、後者は余分に55分も上乗せすることができたので、「ノルマを大きく上回った」と大きな達成感が得られます。この**達成感がさらに習慣化を促進**

する力となるのです。

「書いた分量はまったく同じなので、トリックに過ぎないのでは？」と思われる方もいらっしゃるかもしれません。そのとおり、トリックです。しかし、試してみるとわかりますが、どのように捉えるかで感じ方はまったく変わってきます。

ここで大切なことは、**自分を動かすために感じ方を変える**ことなのです。

「部下たち（無意識）」への最大の報酬は「達成感」

新しい習慣を身につけるために何かを続けるには、「部下たち（無意識）」の協力が必要です。そして、部下たちに協力してもらうには、部下たちに報酬を与えることが欠かせません。これは、組織のマネジメントと同じです。

リーダーが組織を変革する時、社員たちに働き方を変えてもらうよう提案します。新しい慣れないやり方に変えてもらうわけなので、社員たちは苦労します。ただ苦労をかけるだけでは、社員の不満が爆発して、必要な変革が進まないことが多いことでしょう。そこで、リーダーは社員たちにさまざまな形で満足してもらうようかかわります。「報奨金を与える」「達成した時に褒める」などです。

実は、あなたの王国の「部下たち（無意識）」も報酬をほしがっているのです。

あなたも、苦手な科目の勉強を集中して行った後には、こういう時くらいマンガを読んでも良いと思いませんか？　大きな仕事を終えた時には、飲みに行くことを自分に許すでしょう。一方、がんばった後も、「身体に悪いから」などと、自分を厳しく律したら、ストレスが解消されず、やがて爆発することになります。

このように、「部下たち（無意識）」を酷使した後、多くの人は無意識的に「部下たち（無意識）」に報酬を与えています。

新しい習慣を身につける際も、**新しい習慣をつくるための行動をとった後に報酬を与えることで、リバウンドが少なくなる**のです。

ですから、習慣化のための行動をとった時には、「部下たち（無意識）」に無害な報酬を与えてあげてください。

「部下たち（無意識）」への最大の報酬は、「あなた（王様）」が「部下たち（無意識）」に同一化して「達成感」を味わうことです。そのために、毎日小さな目標を達成して、そのたびに達成感を味わってもらいたいのです。

時には、特別なイベントも用意してあげてください。新しい習慣が定着する目安は21日という説もあれば、200日以上かかるという説もあります。それは、新しい習慣の難易度もあれば、個人差もあるでしょう。ただ、仮に「60日続けると決めて30日続けられたら、いつか行きたかったおいしいレストランで食事をする」などと決めるのです。達成できて食事を楽しんだ時には、達成感があるでしょう。実はこの**達成感は、「部下たち（無意識）」が味わっているの**です。その証拠に、あなたが達成感を味わっている最中に、脱同一化のワーク（91ページ）を行うと、気分はニュートラルになり、達成感はなくなるでしょう。つまり、あなたが達成感を味わっているのは、「部下（無意識）」に同一化しているからなのです。

もちろん、このような同一化は、部下と一緒に「あなた（王様）」も楽しんだら良いのです。**その喜びを思う存分味わうことが、習慣化に力を与える**のです。

無意識に「ありがとう」を伝える

習慣化の行動をとった時には、「あなた（王様）」の意志に、「部下（無意識）」が従ってくれたわけなので、そのたびに感謝してあげてください。

私のスクールに通っているマッサージ師の方は、ハードな仕事をこなした後はお風呂に入り、手足をほぐしながら、自分の身体に向かって「**がんばってくれてありがとう**」**と労う**そうです。すると、ただマッサージをするよりも、身体の疲れがとれるといいます。私もジムに通っていますが、終わった後は「達成感」を感じつつ、自分の身体に「ありがとう」と無言でメッセージを送っています。

これは、いわゆる**潜在意識（無意識）に肯定的なメッセージを送る**ことと同じです。多くの自己啓発書でも、自己肯定感を高めるには、自分を映した鏡に向かって「ありがとう」と宣言すると良いと書かれていますね。

さて、習慣化のための行動をとるたびに、自分自身に対して「ありがとう」と感謝する時の秘訣は、**本当に自分とは違う意識がそこにあると思って伝える**こと、そして、**感情を込める**ことです。要するに、**心から労う**のです。

先ほどの達成感も感情ですね。感情は無意識にとくに響くメッセージなのです。このように感謝することは、単に習慣化がやりやすくなるだけでなく、「**部下（無意識）」のあなたへの信頼が深まる**効果もあります。

一方、自己否定ばかりしている人は、「部下（無意識）」を否定することになります。これでは、自己肯定感が下がり、「部下（無意識）」はあなたの言うことに従ってもらいにくくなります。実際に、自己肯定感が低い人は、能力の発揮が制限されますし、継続力が弱くなると考えられています。

毎日小さな目標を達成し、「できた！」と達成感を味わう

「達成感を味わうこと」と「部下（無意識）に感謝すること」を続ければ、どんどん「部下（無意識）」が協力してくれるようになります。

ここまでをまとめると、習慣化する際は、①「**絶対にできる、ものすごく小さな行動を毎日の目標とする**」ようにします。そのうえで、慣性の法則が働いて、さらにできそうでしたら、おまけとして実践するのです。

それができたら、②「**また継続できた**」と「**あえて達成感を感じるようにする**」のです。

そして最後に、③**心を込めて**（**感情を込めて**）「**ありがとう**」と「**部下たち**（**無意識**）」**を労う**のです。

これら3つの実践は、「特定の行動の習慣化」に加えて「**習慣化を成功させる根源的な脳内プログラム**（**図37**）**づくり**」にも役立ちます。

目標を習慣化しやすいイメージに変える

習慣化を促進する目標のもち方

ここでは、習慣化を促進する目標のもち方を紹介します。ここでも、重要なポイントは**イメージの使い方**です。

第3章でお伝えしたように、「**無意識に流される意識**」から生きる時には、〝**意識←思考←感情**〟の順に流されがちになります。この場合、馬（感情）が思考（御者）を操っているので、その場限りの一時的なものを求めます。それでは一貫して同じことを継続するのは難しくなります。感情は、満たされるとどうでも良くなる気まぐれな欲求と関係があるからです。

新しい習慣は、同じ行動をくり返すことによって身につくものなので、「**無意

識に流される意識」からでは、習慣化は難しいということがわかるでしょう。

「意識（あなた）」から決めた目標のために習慣化を図ろうとしても、目標がすぐにどうでもいいものになってしまうので、習慣化もすぐに頓挫してしまうのです。

それに対して、「主体的に選択できる意識」は長い目で見て（長期的視野）、大切だと思えることを大切にすることができます。これは、普遍的に価値のあるものを見抜く理性と関係があります。この「あなた（意識）」は、いつになっても朽ち果てることのない理想をもつことができます。

大切なことなので、もう一度くり返します。ここであらためて、「無意識に流されるあなた」からではなく、**「主体的に選択できるあなた」**から**「どのように生きたいのか」**そして、**「それにはどんな習慣が必要なのか」**を考えてください。

目標を習慣化しやすいイメージに変える方法

「主体的に選択できる意識」から見て大事だと思える目的や目標に意識を向けることで、習慣化しやすくなります。なぜなら、これもまた、弱い意志を補うことに役立つからです。

習慣は、「あなた（王様）」が行きたい所へ行くのを支援してくれる強力な自動運転システムです。よって、行きたい所（目的）がハッキリしている人は、そうでない人よりも習慣化に成功する確率が高くなります。

次の2つの文章を比べてみてください。

①「〇〇大学に入りたい、だから毎朝4時に起きて勉強する」

②「毎朝4時に起きて勉強する」

比べてみたらわかりますが、①のほうがやってみようという気分を感じられるでしょう。何のための習慣化なのかが明確だからです。それに対して、②は目的が漠然としていますね。多くの自己啓発書に書かれているように、明確な目標をもつほうが、高いモチベーションを引き出しやすくなります。その理由は、2つの文章を思い浮かべた時の頭の中のイメージの違いに見出すことができます。

①も②も新たに身につけようとする習慣は同じです。しかし、それを思い浮かべた時のイメージはだいぶ違うでしょう。①は前向きなイメージですが、②は重

苦しいイメージがある方も多いかもしれません。

新しく身につける習慣は、「部下たち（無意識）」が守っている従来の習慣を変えるものなので、変えようと思った時に重苦しいイメージが浮かびやすいのでしたね。よって、②のような目標は、行動が無意識的に鈍くなりがちです。

そこで、**目標としての、ワクワクするような理想**と、**これから身につけたい習慣**をつなげた、次のような**宣言文**をつくってみてください。

「～（あなたの目標）したい、だから（新しい行動）を習慣化する」

新しい習慣を身につけたいと思っている方は、主に二通りに分かれます。

A.「どうしても実現したい目標があるから、習慣を変えたい」

B.「ダメな自分を変えたいから習慣を変えたい」

Aはポジティブで明るいイメージがあるので、それとともに習慣化をしやすいのに対して、Bはいつもネガティブで暗いイメージがあり、重苦しい感じがします。残念ながら、Bの人は長く続けにくいのが明らかです。

なお、念のため補足しておくと、202ページでは「目標は小さいほうが良い」とお伝えしましたが、それは、特定の習慣を身につけるための日々の行動目標のことです。ここで扱っている目標（目的）は、「行きたい大学に合格する」など、「王様（あなた）」が行きたい方向（理想）のことを指しています。

恐怖を避ける時に行動力が高まる人の目標設定

多くの人は、前向きな目標にやる気を感じますが、恐怖を避ける時、危機感から大きなモチベーションが得られるという方もいます。215ページの例だと、Bのように「ダメな自分」に危機感を抱いて、「がんばらないと！」という気持ちがわいてくる方です。このような方は、「重苦しいイメージ」に対する恐怖感を避けたいという思いから、モチベーションがわいてきます。

この場合、次のような宣言文をつくると良いでしょう。

「〜（最悪の状態）になったら困る、だから（新しい行動）を習慣化する」

いずれにしても、単に新しい習慣を身につけようとするよりも、その理由をセットにした文章を思い浮かべたほうがやる気が増すと覚えておいてください。

目標をイメージで補う

目標と習慣をセットにした宣言文は、習慣化のための行動をとる前に毎回読んでください。それだけでも、行動しやすくなります。

目標と習慣をセットにした宣言文で重要なポイントは、原則としてその**宣言文を思い浮かべた時に、明るく前向きな反応をつくり出すイメージがあるかどうか**です。そこで、さらに効果を高めるためのコツを紹介します。

まずは、①「達成したい目標」と②「新しい習慣」の代表記憶を別々に調べてください（図38参照）。①は基本的にワクワクするような目標を選んでもらっていますので、明るく輝かしいイメージ（代表記憶）が多いでしょう。「朝4時に起きる」などは、変化を伴う苦手な行動であることも多いでしょう。一方、②は鈍い反応をつくり出すイメージ（代表記憶）が多いです。

このように、それぞれを別々にイメージすると、多くの場合、**「明るいイメー**

ジの目標」「ネガティブな印象の習慣」となる場合が多いです。

それぞれの代表記憶を調べたうえで、「明るいイメージの目標」をさらに大きくし、「ネガティブな印象の習慣」を小さくします。

明るく、大きくした目標のイメージを先に描き、次に小さくしたネガティブな習慣のイメージを入れます（図38参照）。

最後に、明るく、大きくした目標のイメージの中で小さくしたネガティブな習慣のイメージが入っている画像をさらに明るくします。

すると、明るく、大きな目標のイメージの影響を受けて、習慣のネガティブなイメージは緩和されます。その後に、215ページでつくっていただいた、目標に紐づけた新しい習慣の宣言文を読んでみてください。

このワークを始める前よりも、重たい感覚は緩和されているでしょう。

十分に緩和されていない場合は、176ページにある代表記憶の項目を使って、さらにワクワクするような映像に調整してもかまいません。その際、明るい音楽を入れるのも効果的です。人によっては、五感情報の中でも音の要素が大きな影響を与えることがあります。

図38：目標をイメージで補う

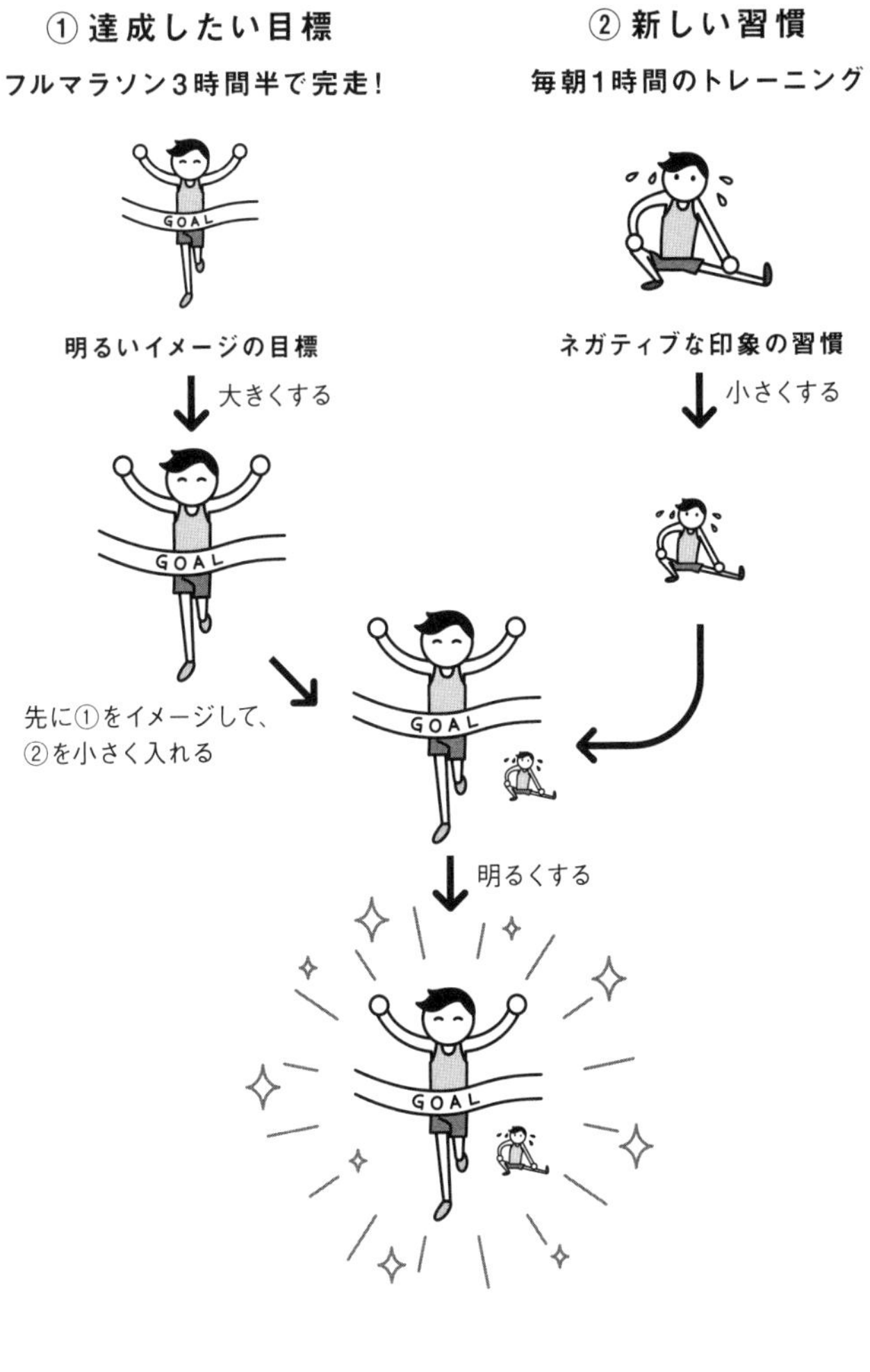

① 達成したい目標
フルマラソン3時間半で完走！
② 新しい習慣
毎朝1時間のトレーニング
GOAL
明るいイメージの目標
大きくする
ネガティブな印象の習慣
小さくする
GOAL
先に①をイメージして、
②を小さく入れる
GOAL
明るくする
GOAL

ここで、ひとつ注意点があります。

もし「ネガティブな印象の習慣」を先にイメージして、その後にそのイメージの中に目標を入れると、ネガティブな印象の習慣のイメージに影響を受けて、目標のイメージまでが悪くなってしまう場合があります。よって、「**①目標を先にイメージする→その中に②習慣イメージを入れる**」の順番が大事です。


このコツからも、「あなた（王様）」が、イメージ（思考内容＝御者）を使って、馬（感情）を動かしていることがわかるでしょう。また、イメージを使うことによって、意志を補っていることも感じられるのではないでしょうか。いわば、**イメージの力をテコにして、強力な馬（感情）を動かしている**のです。

意志だけで習慣を変えるとは、嫌がる馬と素手で戦うようなもの。そんな努力は長くは続きません。**意志はそれほど強いものではないからこそ、意志を補うツールが必要で、そこで役に立つのがイメージ**なのです。第3章で実験したとおり、感情は思考内容（イメージ）に従うのです。

戦略的に悪い習慣を克服する

悪い習慣が引き起こす行動のパターンに気づく

悪い習慣を克服する際、脳内プログラムがつくり出す行動の一連の流れに気づくことが役立ちます。悪い習慣が引き起こす悪い行動は実はパターン化されています。つまり、**「きっかけ」→「一連の無意識的な行動」**という流れがあるのです。

たとえば、かつての私の悪い習慣はネットサーフィンをしてしまうことでした。ネットサーフィンをすることが多いのは苦手な仕事をする時です。今では定期的に出版するようにまでなりましたが、私は本を書くことが大の苦手でした。その手順を注意深く観察した結果、以下の流れに気づきました（図39）。

ここでは詳しく悪い習慣のパターンを分析していますが、ふつうは無意識化さ

図39：悪い習慣の流れ　(例)ネットサーフィンをしてしまう時

①パソコンの前に座って画面を眺める
⇓
②「本を書かなければならない」という声が聞こえる
⇓
③「本を書きたくない」というもうひとつの声を聞く
⇓
④本を完成させるまでの途方もない道のりをイメージする
⇓
⑤身体が重くなり書くのが億劫になる
⇓
⑥ネットニュースをクリックしてニュースを読み込んでしまう

れています。これらも、**悪い習慣はいくつかの一連の動作の進行によって引き起こされる**ということを知ったうえで、自分の行動を注意深く観察して、はじめて気づけるものです。

私も、このパターンを注意深く観察するまでは、ぼんやりとした気づきしかありませんでした。「本を書くのが億劫だ」と感じてネットニュースに逃げるくらいしか気づけていなかったのです。

152ページで、何かを変えようと思ったら手に取って触れるくらいに具体的なものにしなければならないとお伝えしましたが、ぼんやりと気づいているだけでは、パターンを変えられないのです。

「五感の流れ」に注目すると悪い習慣のパターンが見えてくる

悪い習慣のパターンを見える化するのに、「五感の流れ」として捉えることが役立ちます。五感は、**視覚、聴覚、身体感覚、味覚、嗅覚**のことですが、ここでは、味覚と臭覚は身体感覚に含めます。

それぞれの英語の頭文字をとると「視覚」は「V」、「聴覚」は「A」、「身体感覚」は「K」となります。さらに、これら3つを内部と外部に分けますので以下の6つの記号になります（図40）。

「e」はエクスターナルの頭文字で外側の世界のことです。Ve（外部視覚）は目を使って見える情報です。Ae（外部聴覚）は耳を使って聞こえる情報です。Ke（外部身体感覚）は手触りなど触感（皮膚感覚）を使って感じる情報です。

「i」は英語のインターナルの頭文字で、あなたの内面のことです。Vi（内部視覚）は頭の中にある映像つまりイメージです。Ai（内部聴覚）は、頭の中で聞こえる音です。たとえば、あなたが好きなミュージシャンの曲が頭の中で鳴り響いていることがあるでしょう。Ki（内部身体感覚）は、感情など身体の内

図40：五感情報の分類

Ve（外部視覚）	目を使って見える情報
Vi（内部視覚）	頭の中にある映像（イメージ）
Ae（外部聴覚）	耳を使って聞こえる情報
Ai（内部聴覚）	頭の中で聞こえる音
Ke（外部身体感覚）	触感（皮膚感覚）を使って感じる情報
Ki（内部身体感覚）	身体の内側で感じる反応

側で感じる反応です。

これらの記号を、先ほどご紹介した私の悪い習慣（ネットサーフィン）に当てはめると図41のようになります。

このように、悪い習慣は無意識的な五感情報の流れとなっているのです。

悪い習慣を作動させないようにするコツ

悪い習慣も手にとって触れるようにすると、変えることができます。**途中のプロセスを意識的に入れ替える**のです。

このように一連の行動の流れを一覧にしてみると、この悪い習慣の流れは、「**③本を書きたくないというもうひとつ**

図41：悪い習慣を五感の流れにそって細分化する

①パソコンの前に座って画面を眺める（Ve外部視覚）

⇓

②「本を書かなければならない」という声が聞こえる（Ai内部聴覚）

⇓

③「本を書きたくない」というもうひとつの声を聞く（Ai内部聴覚）

⇓

④本を完成させるまでの途方もない道のりをイメージする（Vi内部視覚）

⇓

⑤身体が重くなり書くのが億劫になる（Ki内部身体感覚）

⇓

⑥ネットニュースをクリックしてニュースを読み込んでしまう（Ve外部視覚）

の声を聞く（Ａｉ内部聴覚）」が起点になっていることがわかります。細分化することによって、全体の中のどこが問題なのかがわかるのです。

この場合、③の部分を意識的に変えれば、悪いパターンを中断し、新しい肯定的な流れに転換させることができます。そこで、③の代わりとして新たに以下の問いを加えました。

③'「この本を書くことは私の人生にどんな意味があるんだろう?」

この「新しい③」を加えることによって、それ以後の流れは以下のように変わりました。

④この本を書くことによるミッション実現のイメージを見る（Ｖｉ内部視覚）

⑤「書きたい」というやる気を感じる（Ｋｉ内部身体感覚）

⑥「とにかく最善を尽くそう」という声が聞こえる（Ｖｉ内部視覚）

⑦書きかけの原稿に集中する（Ｖｅ外部視覚）

これもまた、代表記憶の調節のように、見える化したうえで細分化することによってつくり出した変化です。悪い習慣が無意識的になっている時には、①〜⑥のプロセス全体がひとつの巨大な塊になっています。その時は、悪い習慣も強固な要塞のように感じられて、手も足も出ないような無力感を抱くかもしれません。それでは、どれだけ意志の力があっても足りないでしょう。

しかし、これを**バラバラに分解して、プロセスのたったひとつを変えるだけで良い**と思えたらどうでしょう？　心理的負担がずっと小さくなるのが感じられるはずです。岩の塊は巨大過ぎて修正できませんが、細分化したら修正する箇所は小石に過ぎないのです。

このように、**何かを変える基本は、無意識的だったものを意識化すること**なのです。

ここまで読んでいただいたみなさまはすでに気づいているかもしれませんが、脳内プログラムがつくり出す行動パターンの中に出てくる**内部聴覚（Ａｉ）は、「部下（無意識）」の声**です。ほとんどの人は、「無意識的に聞こえてくるこの内部から聞こえてくる声（Ａｉ）」は「自分の本音」だとか「自分の考え」だと思っているのではないかと思います。

私の例で言うと、「本を書かなければならない」「本を書きたくない」という内部聴覚は（Ａｉ）、どちらの声も否定的です。しかし、「私（王様）」は、本を書くことに意義を感じているのです。でなければ、13冊もの本を書いてはこなかったはずです。本を書くことは私が自発的に決めたことで、上司に命令された義務ではありません。

こうした無意識的に聞こえてくる声（Ａｉ）を、自分の声ではなく部下の声だと捉えることによって、この声に従うのを避けやすくなるでしょう。

意識的になるということは、これまで自分だと思って自動的に（無意識的に）

従っていたものから脱同一化して、コントロールすることです。

悪い習慣を五感の流れにそって細分化するコツ

「悪い習慣を細分化する」ことは、ぜひ実際にやってみてください。先ほどお伝えしたとおり、この流れは、無意識的になっているので、通常はここまで細かくは気づけていません。ほとんどの場合、「最初のプロセス」と「最後のプロセス」くらいしか気づけません。そこで、229ページのように、まずは最初と最後を埋めます（❷）。そのうえで、その間にどんなプロセスがあるかに意識を向けます（❸）。言うまでもなく「意識的に選択できる自分」からのほうが気づきやすいでしょう。冷静かつ客観的に自分自身のプロセスを観察しやすいからです。

「悪い習慣を細分化する」ができたら、この悪い習慣を崩すパターンを考えてみてください。その際のコツは**「大切な目標」と「肯定的な問い」をうまく活用する**ことです。とくに「肯定的な問い」は、流れを変えるのに効果的です。「問い」を自問すると、問いの内容にちなんだイメージや言葉が浮かぶからです。

私の例でも、**「この本を書くことは私の人生にどんな意味があるんだろう？」**

WORK 16

悪い習慣を細分化する

❶悪い習慣をひとつテーマとして選びます

❷悪い習慣が発動する「きっかけ（最初）」と「その結果（最後）」を思い出し、以下の記号の欄に224ページの6つの五感情報（Ve・Viなど）に当てはめて記入し、その簡単な内容を記入します

Ⅰ. きっかけ
記号（　　）
内容：
X. 結果
記号（　　）
内容：

❸Ⅰ（きっかけ）とX（結果）の間にどんなプロセスがあるかに意識を向け、間のプロセスにも、記号と内容を入れます

＊間のプロセスは2～5つ程度のことが多いです

Ⅰ. きかっけ
記号（　　）
内容：
Ⅱ
記号（　　）
内容：
Ⅲ
記号（　　）
内容：
Ⅳ
記号（　　）
内容：
X. 結果
記号（　　）
内容：

❹悪い習慣の五感情報の無意識的な流れ（ⅠからXまでの流れ）がわかったら、どこが悪い習慣が起こる起点となっているかを特定します

❺❹で特定した悪いパターンの起点を別の内容に入れ替えることによって、悪い習慣を崩します。その際に、「あなたの大切な目標」と「肯定的な問い」が役立ちます

と、目標にちなんだ問いを自問することによって、その問いの内容にそった思考内容が連想されているのがわかりますね。これも、第3章で学んでいただいた「王様（意識）から思考内容を選択する」の応用です。

ここでは、私の行動習慣を事例に悪い習慣を切り替える方法を説明しましたが、同じやり方で思考習慣の切り替えもできます。思考習慣も「それが発動するきっかけ」と「無意識の流れと」があるのです。

また、Ｖｉ（内部視覚）の部分に関しては、第4章で学んでいただいたイメージの修正を行うのも効果的です。悪い習慣の流れの中で、どんな映像を思い浮かべるクセがあるのかがわかれば、意識的に修正することができます。

たとえば、かたづけが苦手な人の中には、かたづけをしようと自問（Ａｉ）したら、次に、かたづけにまつわる煩雑な作業のイメージ（Ｖｉ）が頭に浮かぶという人がいます。この場合には、「煩雑な作業の映像（Ｖｉ）」を「かたづけが終わった後のスッキリとした部屋の映像（Ｖｉ）」に差し替えるのです。さらにその映像の明るさを増して、心地良い音楽を加えるのもいいでしょう。

葛藤は力になる

古い習慣を手放す時に感じる葛藤を最小化するテクニック

この本を書くにあたって、20年ぶりにあるNLPの本を読み返してみましたが、その本には、「成功したい。しかし、目立つのが怖い」と書かれていました。これはNLPのトレーナーになる前の私の悩みです。

人間にはさまざまな面があります。この本では、わかりやすく説明するために、「王様（あなた）」と「部下たち（無意識）」の2つに分けて説明してきましたが、部下たちは文字どおり複数います。あなたの中にいるさまざまな人格（部下）のことを、心理学では**パーソナリティ**と呼んでいます。

かつての私の中には、**「成功を望んでいる部下」**と**「目立つのが怖い部下」**がいて、反目しあっていました。このような対立のことを**「葛藤」**といいます。

当時、私の中に「成功を望んでいる部下」「目立つのが怖い部下」のどちらかしかいなかったら悩むことはなかったかもしれません。しかし、「成功を望んでいる部下」しかいなかったら、怖いもの知らずで、非現実的な生き方しかできなかったでしょう。この20年間で、当時の自分が理想としていたものは実現しましたが、それは臆病で慎重な部下（目立つのが怖い部下）からの有益なアドバイスを大切にしてきたからです。もちろん、私の中の大胆な部下（成功を望んでいる部下）も大活躍しました。この2人の部下は、**対立する関係から補い合う関係に成長した**のです。今では、反対の意見をもつ貴重な参謀たちです。

ここで大切なことは、**どちらも「自分（王様）」ではない**ということです。図42にように、「あなた（王様）」は、この2人の部下のうち、どちらかの意見を選択することができるし、また協調するように働きかけることもできるのです。

このように考えた時、**あなたの中にいるさまざまな部下（人格）は、効果的に組み合わせることによって、有効なリソース（資源）となる**のです。それは、優れた会社経営者が、大切な意思決定をする時に、あえて相反する意見の部下の声

図42：「2人の部下」と「あなた」

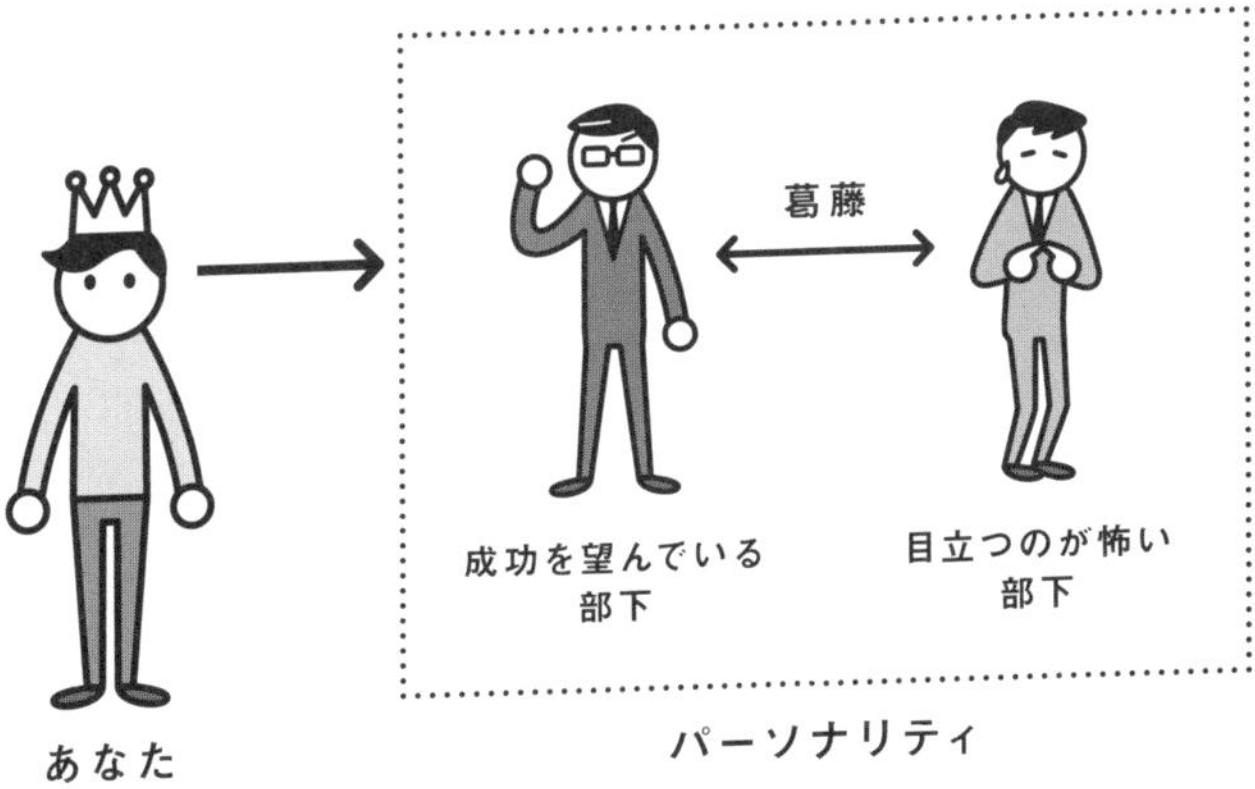

を等しく参考にするようなものです。

さて、私たちが新しい習慣を身につけたいのに、長らくそれができないのであれば、かつての私のように、「進歩的な部下」と「保守的な部下」が対立しているのでしょう。変化することを選択するということは、「あなた（意識）」が、「進歩的な部下」の意見を取り入れることを意思決定したということになります。

しかしながら、新しい習慣を身につけるのに、「進歩的な部下」だけを残して、「保守的な部下」を抹殺しようとすると、「保守的な部下」からの抵抗が激しくて前へ進めないことがあります。そこで、相反する部下を調停して、両方の協力を得て前へ進めるように取り計らう必要があります。

「保守的な部下（無意識）」にも「プラスの動機」がある

「目立つのが怖い部下」の声は、ネガティブな印象があるので、変化に対する抵抗勢力に思えるかもしれません。実際、「私（王様）」が手を加えなければ、「目立つのが怖い部下」は「成功を望んでいる部下」と対立して、「私（王様）」は永遠にこの葛藤の状態のまま動けなかったかもしれません。しかし、**「目立つのが怖い部下」の中にある「プラスの動機」をしっかりと聞いてあげることによって、「私（王様）」が適切に前へ進むための参謀に変えることができた**のです。

この章の冒頭で、無意識が脳内プログラムを組む目的は「安全・安心の確保」と「効率化」で、習慣もまた脳内プログラムなので、「無意識（部下たち）」は「あなた（意識）」を最善の状態に保つために、過去にできた習慣をくり返している、と述べたことを覚えていますか？　20年前の私が目立つのを怖がっていたのは、部活の部長や会社のマネジャーなどが、部員や部下から批判を浴びせられているのを何度も見てきたからです。これらの体験から、私の中では、「目立つ立場の人＝批判される」と公式化されていました。

部員や部下が責任のある立場の人たちの横暴を許さないのは、地位の高い人が間違った判断をすると、多くの人が損害を被るからでもあります。私は目立つのを恐れていたというよりは、批判されることを恐れていたのです。高い立場に立つことが悪いわけではありません。問題は間違った意思決定をして迷惑をかけることにあります。このように考えてみると、「目立つのを怖がること」もまた、間違った力の使い方をしないようにするための戒めにもなります。

思う存分、能力を発揮して自己実現をすることは、自由と幸せをもたらします。また、多くの人を幸せにするような理想的な使命を果たそうと思ったら、高い立場に立つ必要があります。しかし、立場が上がっていくと、「先生」と言われて、知らず知らずのうちに傲慢になってしまい、自分を見失うこともあります。こんな時も、「目立つのが怖い部下」が時々私を恐れさせることによって謙虚さを保つことができます。つまり、**アクセルとブレーキを適宜使うことが大事**なのです。だからこそ、「あなた（王様）」が、冷静に両者のバランスをとりつつ、自己実現をしていくことが大事です。

葛藤を力に変えるワーク

対立する2人の部下を「あなた（王様）」が調整するワーク

これから紹介するワークは三部構成となっていますので、同じテーマで行ってください。この一連のワークのテーマは、対立する２人の部下の調整です。

あなたが新しい行動を習慣化したいのに、古い行動を維持しようとする部下があなたを引き留めているようなケースで用いるものです。

よって、一連のワークで扱うテーマは「**新しい習慣を身につけたいけれど、先延ばししてきたもの**」とすると効果的でしょう。

まずは以下の手順で、対立する２つの行動を特定します。

①テーマは「新しい習慣を身につけたいが、先延ばししてきたもの」とする
②「新しい習慣の行動」を具体的に書く（ジムに通うなど）
③「新しい習慣の行動と対立する行動」を特定する（家でテレビを見るなど）

テーマが決まり、対立する2つの行動が明らかになったら、それらの行動をしようとするそれぞれの部下がいることを確認します。そして、対立している2人の部下の意見を平等に聞く練習をしてみましょう（238ページ）。

ここでは、**それぞれに「プラスの動機」がある**ことを確認するだけでかまいません。コツは**ネガティブに見えるほうの部下の正しさを認めてあげる**ことです。

ワークの手順について補足します。❸と❺に関して、「新しい習慣を身につけたい部下」が考えること（思考内容）を、ここでは「主体的に選択できる意識」から冷静に観察してみてください。

自然と思考内容が浮かんでくるでしょう。これは、224ページの「悪い習慣を五感の流れにそって細分化する」での「Ai（内部聴覚）」です。222ページでは、私が本を書こうとしたら「書きたくない」という声が聞こえるとお伝え

WORK 17

対立する2人の部下の意見を聞く

❶設定したテーマ（新しい習慣を身につけたいけれど、先延ばししてきたもの）を思い浮かべます

❷「新しい習慣を身につけたいと思っている部下」に意識を向けて身体で感じます

＊ 1～2分かけてじっくりと感じます

❸「新しい習慣を身につけたいと思っている部下」が「なぜ習慣化したいと思っているのか」「どんなプラスの動機があるのか」を聞きます

＊ こうした問いをもった時に自然と浮かんでくる「思考内容」が、「習慣化したいと思っている部下」の声だと思ってください

❹「新しい習慣を身につけるのに抵抗している部下」に意識を向けて身体で感じます

＊ 1～2分かけてじっくりと感じてみます

❺「新しい習慣を身につけるのに抵抗している部下」が「なぜその習慣化を嫌がっているのか」「変化しないことにどんなプラスの動機があるのか」を聞きます

＊ こうした問いをもった時に自然と浮かんでくる「思考内容」が、「新しい習慣を身につけるのに抵抗している部下」の声だと思ってください

しました。これは無意識的に聞こえてくる部下の声なのでしたね。

❺ここでは、「その習慣に抵抗している部下」が考えていること（思考内容）を「良い・悪い」と判断をせずに、冷静に聞いてあげてください。それは、あなたが上司で、2人の対立する部下それぞれの言い分を公平に聞く努力をするようなものです。意外に思えるかもしれませんが、変わりたがらない部下は、変化しないことによる重要なメリットを教えてくれます。

新たな習慣に抵抗している部下の「プラスの動機の本質」を聴く

次に紹介するワーク18は、ワーク17の続きです。先ほど決めたテーマで行ってください。ここでは、新しい習慣に抵抗している部下と、より繊細なコミュニケーションをとり、238ページで聞いた「プラスの動機」を深めます（プラスの動機の本質を明確にする）。さらに、そのプラスの動機の本質をじっくりと身体で感じてもらいます。そのうえで、その動機の象徴となるイメージつくります。

❸は、「あなた（王様）」と「新しい習慣に抵抗する部下」を分離するのに役立ちます。たとえば、とくに感じる部分が胸なら、そこに手を当てます。そして胸

と名付けます

❹Xにその行動（否定的行動）をとる「プラスの動機の本質は何ですか？」と聞き、Xが答えてくれるのを静かに待ちます。

「答え」は短い言葉（単語）で返してもらうようにお願いします

＊プラスの動機の本質は動機を深めたものなので、愛・自由・安心・平等・一体感など普遍的なものだとお考えください

❺答えが返ってきたら、それがいかなる答えであっても、必ず「答えてくれてありがとう」と感謝をします

❻Xが望んでいる「プラスの動機の本質」にできるだけ忠実な視覚イメージをつくり、それに反応する質感を身体でしっかりと感じます。1～2分ほどその質感をじっくり味わったら終了します

WORK 18

抵抗する行動をとる部下の「プラスの動機」を深める

❶ワーク17❹で体感した「新しい習慣を身につけるのに抵抗している部下」に再び意識を向けて身体で感じます

＊ 1～2分かけてじっくりと感じてみてください

❷ワーク17の❺で「新しい習慣を身につけるのに抵抗している部下」に聞いた「変化しないことによるプラスの動機」を思い出します

❸「変化しないことによるプラスの動機」をイメージし、その身体反応をじっくりと感じます。その身体反応をとくに強く感じる部分に手を当てます。そこに、「新しい習慣化を身につけるのに抵抗している部下」がいると考え、彼をX

のあたりに「新しい習慣に抵抗する部下」がいると仮定して、Xと名付けます。その際、240ページのイラストのように、「あなた（意識）」が、胸にいるX（部下）と対話するような構図になります。

このように、部下と対話する時に、あなたの位置と部下の位置を分けると対話しやすくなります。頭から胸などに語りかける時に、自分と部下が別々の存在だと意識しやすくなるからです。部下を「X」と名付けるのも、名前を与えたほうが、別の存在だとハッキリさせやすいからです。このように工夫することで、無意識化している部下と繊細なコミュニケーションをとりやすくなります。

❹で注意しなければならないのは、**「X（部下）」に答えてもらうのであって、「あなた（王様）」が推測するのではない**ということです。部下には「あなた（王様）」とは違った意識があります。ですから、他者に話しかける時と同じように**「プラスの動機の本質は何ですか？」**話しかけるのです。

「プラスの動機」と「プラスの動機の本質」の違いについて説明しておきます。

238ページのワークで出してもらった「プラスの動機」は具体的なものが多かったのではないかと思います。たとえば、「ジムに通う」という行動に抵抗する「プラスの動機」は、「読書に励むことができる」などです。

それに対して、**「プラスの動機の本質」は「読書に励むことができる」を抽象化したもの**です。たとえば、「精神的充足」「安らぎ」などです。また、「プラスの動機の本質」は動機を深めたものなので、愛・自由・安心・平等・一体感・強さ・しなやかさなど、普遍的なものだとお考えください。

「プラスの動機の本質」を短い言葉で表現してもらうというのは、ここでご紹介した例のように、名詞で単語にしてもらうことです。このように普遍的で短い言葉にすることによって、次のワークで「否定的な行動の代わりとなる行動」を見つけやすくなります。

❺に関して、209ページで習慣化のための行動をとった後には「ありがとう」と感謝することをおすすめしているのと同じです。「X（部下）」にはあなたとは違った意識があるので、お願いしたらお礼を言うのです。210ページでも、「感謝すると部下（無意識）のあなたへの信頼が深まる」とお伝えしましたね。「X（部下）」を大切にすることで、今後も協力を得やすくなります。

❻に関しては、たとえば、「自由」という言葉が返ってきたら、「自由」という

言葉のイメージとともに身体で自由の質感を感じてみるということです。

否定的な行動をとる部下の行動を昇華させる

241ページのワークから「プラスの動機の本質」を引き出せたら、新しい習慣に抵抗する部下の行動を昇華させることができます。

ここで覚えておいてほしいのは、**彼らが望んでいるのは、行動ではなくて、動機だということです**。さらに大事なのは**深い動機**（**動機の本質**）です。

先ほどの私の例で言うと、「目立つのが怖い部下」が望んでいるプラスの動機は「批判から自分を守ること」です。私は「目立つと批判される」と恐れているのでしたね。それを抽象化させた「プラスの動機の本質」は「安全」です（「**批判から自分を守ること**（**プラスの動機**）」→「**安全**（**プラスの動機の本質**）」）。

そして、このような「**動機の本質を満たす**」**とは、その動機を表す感覚を満たすこと**なのです。たとえば、「批判から自分を守ること（安全）」が動機の本質ならば、満たす感覚は「頑丈なシェルターの中にいるような安全な感覚」です。もしこの感覚を「別の無害な行動」によって満たすことができるなら、「目立つのが怖い部下」はその欲求が満たされるのです。これが**「昇華」**です。

私の場合、この感覚を、「誰とも会話しないひとりの時間」を毎日1時間以上つくることで満たすようにしています。要するに毎日1時間以上ひとりでこもりきりになります。すると、この部下が満たされるのです。

その際、❻で明らかにしていただいた**「動機の本質」を象徴するイメージ**を付け加えるとさらに満たされます。私の場合でしたら、「頑丈なシェルターの中にいるイメージ」を同時に思い描くことです。

もちろん、こもりきりになっているからといって、時間をムダにしているわけではありません。勉強をするなど有効に時間を使っています。このような代わりの行動を実践することにより、私は今も臆病ですが、平均すると毎週3日は講演やセミナーで堂々と話しています。そして、臆病な自分も、私が謙虚さを失わないために役立ってくれています。どの部下にも良い面があるので、適材適所に配置して良い面が出るように調整しているわけです。

このように、「動機の本質を満たす害のない行動」を見つけて、それを実践することによって、否定的な行動のエネルギーを意識的に発散させることができたら、「新しい習慣に抵抗する行動」をやめやすくなるのです。実際、この方法でタバコやお酒をやめた人もいます。

そこで、次に悪い行動習慣を昇華させる手順をご紹介します（ワーク19）。これは、ワーク18の続きです。三部構成の最後のワークです。

ワークの進め方について補足します。

❷は、249ページのイラストのように、「身体で感じる質感」に意識を向けた時に直感的にひらめくものをいくつか書き出してください。**頭で考えるというよりも直感的に導き出したもののほうが、精度が高くなります。**

❹は、❸で選んだ行動が、あなたの中にいる他の部下たちにも受け入れられているかの確認です。ここでイヤな感じがする場合、新たな行動が別の葛藤を生み出すことになるので行動が制限されてしまいます。その場合は、もう一度❷に戻って、先にいくつか出しておいた別の選択肢の2番目の候補を選びます。そして、2番目の候補でもう一度❹のプロセスを行います。イヤな気持ちを感じなければそれで終了し、そうでなければ、もう一度❷に戻って、同じことをくり返します。

「部下（無意識）」を支援する

抵抗する行動をとる部下（X）の「プラスの動機の本質」を満たす「害のない行動」を導き出すことができたら、これを毎日実践します。毎日実践することによって、「害のない行動」を習慣化して部下たちが自動的に運営してくれるようにしましょう。

実践する際のポイントは、新たに導き出した害のない行動を、ワーク18の❹で導き出した「**Xのプラスの動機の本質」の質感**を感じつつ行うことです。その際にワーク18の❻のプロセスでつくった「Xが望んでいるプラスの動機の本質を象徴する視覚イメージ」を思い浮かべながら行ってください。これによって、単に「害のない行動」をするよりもパワフルにXの欲求を満たします。

「**意識を向けるとそれが強化される**」ので、「Xのプラスの動機の本質」の質感と「Xが望んでいるプラスの動機の本質の視覚イメージ」も、「あなた（王様）」が、あえて感じたり、イメージしたりするよう意識することによって、部下であるXを満たす力になります。

とそれに付随する「身体で感じる質感」に意識を向けた時に直感的に浮かんでくる「無害な行動」をいくつか書き出します。これは、Xの欲求が満たされる行動でなければならないので、Xが満たしたい「プラスの動機の本質」と同じ質感を感じられるものを慎重に選びます

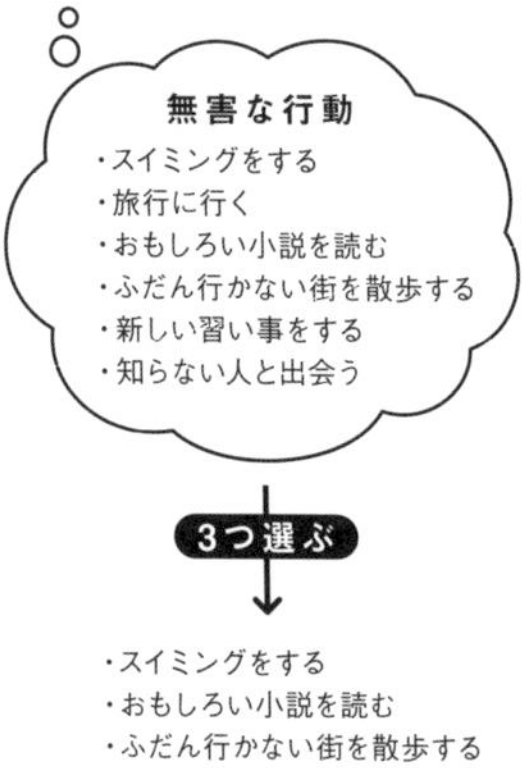
無害な行動
・スイミングをする
・旅行に行く
・おもしろい小説を読む
・ふだん行かない街を散歩する
・新しい習い事をする
・知らない人と出会う
3つ選ぶ
・スイミングをする
・おもしろい小説を読む
・ふだん行かない街を散歩する

＊ **毎日実践できるもので簡単なもの**を選び、少なくとも3つは書き出してください

❸いくつか出した「無害な行動」の中で、Xが満たしたい「プラスの動機の本質」の質感をもっとも感じられるものをひとつ選びます

❹それを実践することをイメージした時に、イヤな気持ちがしないかを探ります

＊ イヤな気持ちを感じた時には、❷に戻って、いくつか出した別の選択肢でやり直してください

WORK 19

新しい習慣と対立する行動を昇華させる

❶ワーク18で導き出したXが望んでいる「プラスの動機の本質」にできるだけ忠実な視覚イメージを、再現してください。そして、再度それに反応する質感を身体でしっかりと感じます

ワクワクする感じ
自由に海の中を泳ぐ魚のような感覚

＊ 1～2分かけてしっかりと感じてください

❷「新しい習慣の行動と対立する行動」の代わりとなる「無害な行動」を導き出します。それはワーク18❻で導き出した「視覚イメージ」とそれに付随する「身体で感じる質感」を満たす行動です。

Xが望んでいるプラスの動機の本質の「視覚イメージ」

自由＝
X
Xが望んでいるプラスの行動の本質
視覚イメージ
身体で感じる感覚

これをくり返し行うと、この質感を感じることも、イメージすることも自動化されます。これは、Xの欲求を満たす無害な行動を習慣化したことになります。

習慣化の最後の落とし穴を乗り越える

ここまでのプロセスをていねいに実行すると、「新しく身につけたい習慣」を身につけるのに抵抗する気持ちが緩和されます。新しい習慣をつくるための行動を、実行しやすくなるのです。

しかし、ここにも落とし穴があります。

ここで「新しく身につけたい習慣」がどうでもよくなることが多いのです。なぜなら、人間は「できないから、したい」と思うことが多いからです。

多くの人が、**モチベーションを感じるのは、当たり前のようにできていること****ではなく、難しいと感じること**です。「朝起られない」とジレンマを感じている人が、「早起きできるようになりたい」と思うものです。意外に思うかもしれませんが、早起きができるようになると早起きはどうでも良くなってしまい、早起きに対する興味を失ってしまう場合が多いのです。

冒頭で、私は4ヶ月半で75キロまで増えた体重を51キロまで落としたと述べました。高いモチベーションでダイエットを成功させたのですが、そこで私はダイエットに対する興味を失ってしまいました。「いつでもダイエットできる」と自然と思えるようになったからです。結果、59キロまで体重を戻しています。本当はもう少し痩せたほうが良いのですが、「いつでもできる」と思っていたら、どうでも良くなってしまうのです。

そこで、最後に一番大切なことをお伝えします。

それは、**「やりたいからする」のではなく、「大切だからする」と決めてほしい**ということです。

「できないから、したい」が緩和された今、新しい習慣のための行動を、たとえおもしろくなくても、たんたんと実行してもらいたいのです。

「感情（馬）」はあなたの行動を支える強力なモチベーションの源泉です。よって、「感情（馬）」が、「あなた（王様）」が望む方向に進むのに役立っている時には、ありがたく活用しましょう。

しかし、「感情（馬）」は不安定だという欠点があります。「感情」は「ココロ

（心）」だからコロコロ変わると言われています。感情の有無――好き・嫌い――を行動の軸に置いてしまうと、行き当たりばったりになって、大事なことを成し遂げることができなくなります。

思い出してほしいのは、そして生涯にわたって忘れないでほしいのは、「**感情はあなたではない**」ということです。

とくにこの章では、さまざまな心理テクニック紹介しましたが、最後は一番大切なことに戻ります。それは「主体的に選択できるあなた（意識）」から、「やる」と決めて実行することです。

できるようになったら「どうでも良くなる」ことが多いとお伝えしましたが、どうでも良くなるのは感情です。仮に、感情がどうでも良くなっても、「主体的に選択できるあなた（意識）」はそれが長い目で見て大事かどうかを理性的に判断することができます。そして、大事だと思えるなら、どうでも良いと感じても続けてほしいのです。

つまり、「**新しく身につけたい習慣**」**に対する抵抗が緩和された時に、本当に変われるかどうかが試される**のです。それは、最後のワークだけでなく本書で紹介したすべてのワークに当てはまることですし、他の本に書かれているあらゆるテクニックを身につける際にも言えることです。

私はこれまで、20年近く能力開発の現場で本書に紹介したものよりもはるかに高度なテクニックを教えてきましたが、その場では変化したけれど、変化したことに満足して、元に戻ってしまった人も多く見てきました。**「変化」とは、テクニック（道具）によってもたらされるのではなくて、「あなた（意識）」によって実現するもの**です。あなたは、フラフラした感情ではありません、好き・嫌いを超えて、まっすぐに伸びていく意識です。どのテクニックも流されるのではなく「主体的に選択できるあなた（意識）」から行うからやりとおすことができるのです。**「主体的に選択できるあなた（意識）」は「テクニック（技法）」ではなく、テクニック（技法）を使う「存在（Ｂｅｉｎｇ）」**です。

本書では、「テクニック（技法）」よりも、あなたという「存在（Ｂｅｉｎｇ）」の可能性を中心に書いてきました。変化の中心が「あなた」であり、「あなた」から変わることができるという希望を少しでも感じてくださるならこれに勝る喜びはありません。

参考文献

・『神経言語プログラミング』 リチャード・バンドラー著、酒井一夫訳、東京図書
・『こころのウイルス』 ドナルド・ロフランド著、上浦倫人訳、英治出版
・『小さな習慣』 スティーブン・ガイズ著、田口未和訳、ダイヤモンド社

オススメの図書

本書はNLP（神経言語プログラミング）の考え方と手法をアレンジして紹介しています。そこで、本書の内容を補足するのに以下の書籍を併読することをおすすめします。

●NLPの入門書として

・『マンガでやさしくわかるNLP』 山崎啓支著、サノマリナ作画　日本能率協会マネジメントセンター

●NLPの実践書として

・『NLPの実践手法がわかる本』山崎啓支著　日本能率協会マネジメントセンター

山崎　啓支（やまさき　ひろし）
1970年生まれ。経営コンサルタント会社を経て、2002年に能力開発トレーナーとして独立しNLP普及を開始する。2005年にNLPラーニング社を設立し、NLP（神経言語プログラミング）の資格認定コースと、NLPを応用したリーダーシップ、ビジョン実現、イノベーション、コーチング、カウンセリングなど多彩なテーマの公開セミナーを全国各地で行っている。国内のNLP指導においてはもっとも実績があるトレーナーの一人である。2020年5月現在までにNLP受講者は10,000名を超える。
2009年にはオリジナルの変容プログラムであるNRT(Natural Returning Transformation)を完成させる。人間を根本的に変容させるこれまでにないプログラムとして、参加者から高い評価を得ている。著書『NLPの実践手法がわかる本』『コーチングハンドブック』（日本能率協会マネジメントセンター）『「体感イメージ」で願いをかなえる』『人生の秘密』（サンマーク出版）など多数。
●株式会社NLPラーニング・代表取締役
●株式会社NRT・代表取締役
●株式会社アートオブコーチング・相談役
●米国NLP協会認定NLPトレーナー

「わかっているのにできない」がなくなる
習慣化のシンプルなコツ

2020年6月10日　　初版第1刷発行

著　　者――山崎　啓支

発 行 者――張 士洛
発 行 所――日本能率協会マネジメントセンター
〒103-6009　東京都中央区日本橋 2-7-1 東京日本橋タワー
TEL　03(6362)4339(編集)／03(6362)4558(販売)
FAX　03(3272)8128(編集)／03(3272)8127(販売)
http://www.jmam.co.jp/

装丁、本文デザイン、図版・イラスト――藤塚尚子
ＤＴＰ――――株式会社明昌堂
印 刷 所――――広研印刷株式会社
製 本 所――――ナショナル製本協同組合

ISBN 978-4-8207-2793-4　C2034
落丁・乱丁はおとりかえします。
PRINTED IN JAPAN